楽しみながら**学力アップ！**

世界の国ぐに
おもしろクイズ1000

一般財団法人 言語交流研究所　監修

メイツ出版

はじめに

お待たせいたしました！
『楽しみながら学力アップ！世界の国ぐにおもしろクイズ1000』が誕生いたしました。
わたしたちの地球には、どんな国があり、そこでどんなこどもたちとその家族が住んでいるか、そして、どんな生活をしているかを、想像したことがありますか？
この本には、地球上の様々な国の文化や生活、歴史、世界遺産、自然、人物、そしてことばなど、いろいろな視点からフォーカスをぎゅっと絞って、とびっきり楽しい、おもしろクイズを1000問にして詰め込みました。
出題にあたっては、生徒さんたちが研究や発表のテーマにしたり、あるいは先生方が授業やテストのヒントにしたり、家族でクイズ大会をしたりと、いろいろと活用できるように、身近なクイズから、大人も知らないユニークなクイズまで、世界がまるごとグッと近くなるよう選びました。多言語クイズには、多言語活動実践のヒッポファミリークラブによる、メンバーの交流体験からの出題も組み入れました。
世界の人々のくらしや文化、歴史などに触れて、多文化・多様性・多言語にひらかれる「未来の国際人」へのパスポートブックとしてお贈りします。
こどもから大人まで、学校やご家庭、職場でと、多世代の皆さまで、わくわくお楽しみください！

一般財団法人
言語交流研究所

もくじ

アジア…4
世界初・世界一・世界遺産…4　くらしクイズ…6　文化クイズ…12　地域クイズ…20

アゼルバイジャン／アフガニスタン／アブハジア／アラブ首長国連邦／アルメニア／イエメン／イスラエル／イラク／イラン／インド／インドネシア／ウズベキスタン／オマーン／カザフスタン／カタール／カンボジア／北キプロス・トルコ共和国／キプロス／キルギス／クウェート／ジョージア／サウジアラビア／シリア／シンガポール／スリランカ／タイ／韓国／タジキスタン／中国／台湾／北朝鮮／トルクメニスタン／アルツァフ共和国／日本／ネパール／バーレーン／パキスタン／パレスチナ／バングラデシュ／東ティモール／フィリピン／ブータン／ブルネイ／ベトナム／マレーシア／南オセチア／ミャンマー／モルディブ／モンゴル／ヨルダン／ラオス／レバノン　計52か国

北アメリカ…28
世界初・世界一・世界遺産…28　くらしクイズ…30　文化クイズ…36　地域クイズ…42

アメリカ／アンティグア・バーブーダ／エルサルバドル／カナダ／キューバ／グアテマラ／グレナダ／コスタリカ／ジャマイカ／セントクリストファー・ネイビス／セントビンセント・グレナディーン／セントルシア／ドミニカ共和国／ドミニカ国／トリニダード・トバゴ／ニカラグア／ハイチ／パナマ／バハマ／バルバドス／ベリーズ／ホンジュラス／メキシコ　計23か国

南アメリカ…48
世界初・世界一・世界遺産…48　くらしクイズ…50　文化クイズ…56　地域クイズ…62

アルゼンチン／ウルグアイ／エクアドル／ガイアナ／コロンビア／スリナム／チリ／パラグアイ／ブラジル／ベネズエラ／ペルー／ボリビア　計12か国

オセアニア…68
世界初・世界一・世界遺産…68　くらしクイズ…70　文化クイズ…72　地域クイズ…76

オーストラリア／キリバス／クック諸島／サモア／ソロモン諸島／ツバル／トンガ／ナウル／ニウエ／ニュージーランド／バヌアツ／パプアニューギニア／パラオ／フィジー／マーシャル諸島／ミクロネシア連邦　計16か国

ヨーロッパ…80
世界初・世界一・世界遺産…80　くらしクイズ…82　文化クイズ…90　地域クイズ…98

アイスランド／アイルランド／アルバニア／アンドラ／イギリス／イタリア／ウクライナ／エストニア／沿ドニエストル／オーストリア／オランダ／ギリシャ／クロアチア／コソボ／サンマリノ／スイス／スウェーデン／スペイン／スロバキア／スロベニア／セルビア／チェコ／デンマーク／ドイツ／トルコ／ノルウェー／バチカン市国／ハンガリー／フィンランド／フランス／ブルガリア／ベラルーシ／ベルギー／ポーランド／ボスニア・ヘルツェゴビナ／ポルトガル／マケドニア／マルタ／モナコ／モルドバ／モンテネグロ／ラトビア／リトアニア／リヒテンシュタイン／ルーマニア／ルクセンブルク／ロシア　計47か国

アフリカ…108
世界初・世界一・世界遺産…108　くらしクイズ…110　文化クイズ…114　地域クイズ…118

アルジェリア／アンゴラ／ウガンダ／エジプト／エチオピア／エリトリア／ガーナ／カーボベルデ／ガボン／カメルーン／ガンビア／ギニア／ギニアビサウ／ケニア／コートジボワール／コモロ／コンゴ共和国／コンゴ民主共和国／サントメ・プリンシペ／ザンビア／シエラレオネ／ジブチ／ジンバブエ／スーダン／スワジランド／セーシェル／赤道ギニア／セネガル／ソマリア／ソマリランド／タンザニア／チャド／中央アフリカ共和国／チュニジア／トーゴ／ナイジェリア／ナミビア／ニジェール／西サハラ／ブルキナファソ／ブルンジ／ベナン／ボツワナ／マダガスカル／マラウイ／マリ／南アフリカ共和国／南スーダン／モーリシャス／モーリタニア／モザンビーク／モロッコ／リビア／リベリア／ルワンダ／レソト　計56か国

多言語クイズ…124

※本書は2013年発行の
『小学生の勉強に役立つ！世界の国々おもしろクイズ1000』を元に加筆・修正を行っています。

アジア

アジアの
世界初・世界一・世界遺産

ASIA

Q 0001
インドネシアで、世界遺産の対象となっているものは?
① 城塞　② 教会跡
③ 鉄道群　④ 熱帯雨林

Q 0002
インドネシアのスマトラ島に、その世界最大のものがある。火山の活動によってできた窪地をなんという?
① カステラ　② カルネ
③ カルテル　④ カルデラ

Q 0003
インドの代表的建造物であり世界遺産、「タージ・マハル」の建物部分は、全てなにで出来ている?
① 大理石
② 花崗岩
③ 石灰岩
④ 瓦(粘土)

Q 0004
カンボジアの代表的な遺跡かつ世界遺産、「アンコール・ワット」について間違っているのはどれ?
① 同国の国旗の中にも描かれている
② 日本でいう、縄文時代からある
③ 大規模な石造りの寺院建築である
④ すぐ近くに、「アンコール・トム」という遺跡もある

Q 0005
アラブ首長国連邦の首都ドバイにある世界一高いビル「ブルジュ・ハリファ」は何階建て?
① 99階建て　② 115階建て
③ 140階建て　④ 160階建て

Q 0006
イランやロシアに接する、世界最大の湖、「カスピ海」の大きさに近いのは?
① 北海道の面積　② 九州の面積
③ 本州の面積　④ 日本の面積

Q 0007
ネパールにある世界一高い山、「エベレスト」の高さに最も近いのは?
① 富士山の2倍
② スカイツリーの高さの約14倍
③ 太平洋の最も深い場所

Q 0008
世界遺産に登録されているウズベキスタンの古都、「サマルカンド」は、別名で、なんと呼ばれている?
① 雨の都
② 影の都
③ 砂の都
④ 青の都

4

答えは次のページにあるよ

Q 0009
アラブ首長国連邦の「ドバイワールドカップ」は、優勝賞金が世界最高額の競馬レースとして知られる。その金額は？（括弧内で1ドル112円として換算）
①１００万ドル（約１億１200万円）
②３００万ドル（約３億３600万円）
③６００万ドル（約６億7200万円）

Q 0010
世界遺産でもあるシリアの首都、「ダマスカス」は、世界最古の都市の一つである。形成されたおおよその年代は？
①１世紀頃　②紀元前１世紀頃
③紀元前２０００年頃
④紀元前３０００年頃

Q 0011
日本の世界遺産、「姫路城」の別名はなんという？
①烏城　②朱鷺城
③白鷺城　④川蝉城

Q 0012
世界遺産であるタイの古都「アユタヤ」にあった、日本町の頭領を務めていた日本人の名は？
①紀伊國屋文左衛門
②山田長政
③角倉了以
④浜口儀兵衛

Q 0013
海に浮かんでいる姿が有名な日本の世界遺産、「厳島神社」にある大鳥居は、何度か建てかえている。現在は何代目？
①５代目
②６代目
③７代目
④８代目

Q 0014
次のうち、中国の世界遺産は？
①華城　②宗廟　③マカオ歴史地区
④八萬大蔵経の納められた伽倻山海印寺

Q 0015
世界遺産登録されている中国の防衛用の城壁、「万里の長城」の長さに最も近いのは？（２０１２年中国政府発表）
①青森県から広島への距離
②北海道から沖縄の距離
③地球を約半周

Q 0016
インドネシアで世界遺産登録されている「ボロブドゥール寺院遺跡群」について正しいのは？（複数回答可）
①寺院の内部は鏡張りである
②９層の段台の上にある
③火山灰や森林に隠され、１０００年以上見つからなかった

アジア

アジア くらしクイズ

Q 0017
日本における輸入量として、台湾が1位であるものはどれ？（2015年）
①まぐろ　②さんま
③ぶり　　④ホタテ

Q 0018
インスタントラーメンの国民1人あたりの年間消費量が多い国順に、以下の3国を並べよう。(2016年)
①日本
②韓国
③中国

Q 0019
韓国の食事風景及びマナーとして、間違ってるものはどれ？
①茶碗は持たない
②箸や茶碗は木製が多い
③箸は横ではなく、縦に置く

Q 0020
日本での輸入量として、フィリピンが1位であるものはどれ？(複数回答可)
①バナナ　②グアバ
③パイナップル　④マンゴスチン

Q 0021
「中国の四大料理」のうち、辛さが特徴のものは？
①北京料理　②広東料理
③上海料理　④四川料理

Q 0022
日本における輸入量として、タイが1位である調味料は？
①砂糖　②ごま　③片栗粉　④米酢

Q 0023
インドネシアやマレーシアに見られる、香辛料を使った焼き飯料理をなんという？
①ミルヒライス
②リゾット
③ナシゴレン
④ロコモコ

Q 0024
ベトナム人の主食である麺を「フォー」というが、その原材料は？
①小麦粉　②米
③そばと卵　④豆

Q 0025
次の果物の名前は？
○タイが、世界生産量第一位である
○「果物の王様」といわれる
○臭いがキツく、飛行機への持ち込みが禁止されている

Q 0026
韓国でキムチが定着している理由は？
①夏、非常に涼しいので、汗を出すための食材として
②冬の寒さが厳しく、野菜が育たないため、保存食として
③色に赤と白が混ざるため、縁起物とされる

Q 0027
ブルネイの公用語はなに？
①英語　②フランス語
③マレー語　④アラビア語

Q 0028
韓国で実際に普及している電化製品は？
①蚊取りエアコン
②キムチ専用冷蔵庫
③チマチョゴリ専用洗濯機

Q 0029
韓国語で、「こんにちは」は、次のうちどれ？
①「アンニョハセヨ」
②「サランヘヨ」　③「カムサムニダ」
④「チュカハムニダ」

Q 0030
アゼルバイジャンやジョージア、チェチェンなどの国があるコーカサス地域で生まれた乳酸菌飲料、「ケフィア」は、日本ではなんといわれる？
①紅茶きのこ　②ヨーグルトきのこ
③ラッシー　④バターミルク

Q 0031
インドネシア料理やマレーシア料理に見られる、代表的な辛味調味料をなんという？
①アニス　②サンバル
③ザ・ソース　④オオバゲッキッツ

Q 0032
ラオスやタイに見られるサラダ「ラープ」の特徴は？
①肉が入っている
②チーズがかかっている
③シリアルが混ざっている

P4.5の答え　0001.④（「スマトラの熱帯雨林遺産」として自然遺産登録）　0002.④（そこに水が溜まってできた湖を、カルデラ湖という）　0003.①　0004.②　0005.④　0006.④（カスピ海：約371,000㎢、日本：約377,900㎢）　0007.②　0008.④（青いタイルで装飾された礼拝堂や、気候的に綺麗な青空が多いのが特徴）　0009.③　0010.④（「古代都市ダマスカス」として世界遺産登録）　0011.③（「しらさぎじょう」とも呼ばれる）　0012.②　0013.④（大雨や台風の被害により、現在は8代目になる）　0014.③　0015.③　0016.②③

アジア

Q 0033
インドで「カレー」といえば、どういうもの？
①カレーに限らず、なにかのソース
②特に辛めのスパイスを使った料理
③ジャガイモと玉ねぎを中心にしたスープ

Q 0034
日本から飛行機に乗って、韓国の首都、ソウルに行く場合、最も早く行ける出発点は？
①東京（成田空港）
②大阪（国際空港）
③北海道（新千歳空港）
④福岡（福岡空港）

Q 0035
2007年、台湾で全面的に導入された、日本の技術は？
①ロープウェー　②新幹線
③クレーン車　④半導体技術

Q 0036
インドの多くの家庭に見られる傾向として正しいのは？(複数回答可)
①自家発電機が設置されている
②都市ガスを使用している
③水を貯めるためのタンクがある

Q 0037
インドネシアについて、正しいのはどれ？
①大小8000の島々から成立している
②国土が横に長く、東西の距離は4800kmにも及ぶ
③コンセントの多くが日本と同じ形

Q 0038
フランスの植民地だった時代の面影が残り、「東洋のパリ」といわれている場所は？
①タイのバンコク
②インドのニューデリー
③カンボジアのプノンペン
④フィリピンのマニラ

Q 0039
和服に似た上衣と筒型のスカートを履く、韓国の女性用民族衣装をなんという？
①ゴアフ
②パレオ
③チマチョゴリ
④ムームー

Q 0040
次のうち、日本から韓国行きのフェリーが出ている場所はどこ？
①福岡　②富山　③熊本　④横浜

8

答えは次のページにあるよ

Q 0041
モンゴルの放牧民が使う、組み立て式の住居をなんという？
①チセ
②ゲル
③フローティングハウス
④イグルー

Q 0042
ブルネイにおいて無料なものは？
（複数回答可）
①所得税　②教育費
③薬代と治療費

Q 0043
次のうち、韓国が世界一なものは？
（2016年）
①日本語学習者の数
②携帯電話の出荷量
③日本への入国者の数

Q 0044
パキスタンの道路で見られる独特の光景は？
①たくさんの靴磨き
②派手な装飾をされたバスやトラック
③馬に乗って、走る人

Q 0045
『国民全体の幸福度』を表す尺度である「国民総幸福量」を提唱し、同尺度が9割を超えている国は？
①シンガポール　②モルディブ
③ブータン　④オマーン

Q 0046
韓国や中国で普及している「オンドル」とは？
①携帯型パソコン　②駐輪場
③1人用洗濯機　④床下暖房

Q 0047
カタールでの生活で無料なものは？
（複数回答可）
①飲酒代　②電話代
③水道代　④電気代

Q 0048
インドの女性が着る、一枚の布で出来た衣装をなんという？
①レソ
②サリー
③キッパー
④マシパイ

P.6.7の答え　0017.①（他は国内自給率が100％を超えるが、まぐろは50％を近年割っている）　0018.②→①→③　0019.②（金属製の食器が多い）　0020.①③　0021.④　0022.①（約7割をタイが占める。日本の自給率は3.5割程度）　0023.③　0024.②（小麦より、米の方が圧倒的に多く生産されるため）　0025.ドリアン・フルーツ　0026.②　0027.③（北以外の三方をマレーシアに囲まれている）　0028.②　0029.①（朝、昼、晩、問わず使える）　0030.②　0031.②　0032.①（鳥や豚、牛などの肉を入れ、魚醤とライムで味付けをする）

9

アジア

Q 0049
イランやアゼルバイジャン、ウズベキスタン、カザフスタン、キルギス、タジキスタン、トルクメニスタンの中央アジアで、新年を祝う日は？
①12月31日　②2月1日近辺
③3月21日近辺　④4月1日

Q 0050
イスラエルの多数の小学校で使われる教育法「マインド・ラボ」の教材は？
①あやとり　②絵本　③ボードゲーム

Q 0051
シンガポールにも住む、マレーシア人と中国人の混血、ニョニャ族の伝統衣装「サロンケバヤ」について正しいのは？
①国営放送のキャスターの着用が義務づけられている
②シンガポール航空の客室乗務員が着用している
③国会議員の大半が、議会において着用する

Q 0052
インドの「九九」は、いくつまである？
①9×9　②20×20
③50×50　④99×99

Q 0053
インドネシアの街中で見られる「ベチャ」ってどんな乗り物？
①人力車
②自転車のタクシー
③サイドカー付きのバイクタクシー

Q 0054
インドネシアに住む少数民族、トラジャ族の住居として知られる「トンコナン」の特徴は？（複数回答可）
①釘を使わない
②船が乗せてあるかのような、せり出した屋根である
③一部の部屋は、地中に埋まっている

Q 0055
モンゴルの遊牧民の衣装「デール」の特徴として間違っているのは？
①夏は袖を取り外して着る
②冬は内側に毛皮を貼りつける
③立衿で左前に合わせる、丈の長い上着

Q 0056
タイのアユタヤやカンチャナブリーなどの地域では、ある動物に乗ってのトレッキングツアーが人気だが、その動物とは？
①キリン　②ダチョウ
③サイ　④ゾウ

Q 0057
中国の小学校で毎日行われているのは?
①太極拳　②目の体操
③お茶をたてること
④お経をあげること

Q 0058
ラオスで中心的に食される米の種類は?
①玄米
②タイ米
③もち米
④ひえ

Q 0059
タイでの挨拶について正しいのは?
①日本と同じお辞儀が通用する
②抱擁(ハグ)されたら、同じハグで応えるのが基本
③合掌をするのが正しい挨拶

Q 0060
韓国の小学校にある授業は?
①お金の計算について学ぶ「簿記」
②礼儀を学ぶ「礼節作法」
③「天文学」

Q 0061
ブータンの代表的料理「エマダツィ」とは?
①揚げトマト　②鴨のスープ
③唐辛子とチーズの煮込み

Q 0062
北朝鮮の貨幣単位は?
①ドル　②ウォン
③トゥグルグ　④ルーブル

Q 0063
インドで使われるお札について、正しいのは?(単位はルピー)
①さまざまな言語での読み方が10以上も書いてある
②「0ルピー札」を政府が発行している
③香辛料が配合されている

Q 0064
フィリピンを走る乗り合いバス、ジープニーの特徴は?
①トイレがついている
②3階建てである
③手を挙げれば、どこでも乗り降り出来る

答えは次のページにあるよ

P8.9の答え　0033.①(タミール語でkariは「ソース」のこと)　0034.④　0035.②　0036.①③(一日に数時間しか水が出ないなど、水道事情が良くないため)　0037.②　0038.③　0039.③(鮮やかな色のものが多い)　0040.①(いずれも韓国の金山に着く)　0041.②(木材で枠組みを作り、布で覆い、1時間程度で出来る。中国語ではパオという)　0042.①②③(石油が豊富で、国自体が潤っている。③については、問診料のみ1ドルかかる)　0043.②　0044.②　0045.③　0046.④　0047.②③④　0048.②

アジア

アジア 文化クイズ

Q 0065
タイの国技である、キックボクシングに似た格闘技は？
①テコンドー　②ネリリャギ
③ムエタイ　④ローコンバット

Q 0066
中国から日本へ伝わって来たものとされてないものは？
①漢字　②財布　③茶道　④十二支

Q 0067
インドネシアが今まで獲得したオリンピックのメダルのうち、その半数以上を占める競技は？
①カヌー　②乗馬
③トランポリン　④バドミントン

Q 0068
アラブ首長国連邦で1960〜70年代に発行された「土侯国切手」、別名「アラブ土侯国切手」とは？
①石油と引き換えることが出来る切手
②非常に額面の高い切手
③郵送に使えない、趣味としての切手

Q 0069
アフガニスタン、イラン、カザフスタンの国花はなに？
①桜　②ハイビスカス
③アサガオ　④チューリップ

Q 0070
タイ、マレーシアの国技はどれ？
①サッカー　②バスケットボール
③ハンドボール　④セパタクロー

Q 0071
イスラエル人、イラン・ラモーン氏による「奇跡の日記」とは、どういうもの？
①人類の未来が、正確に言い当てられている日記
②宇宙船の事故から焼け残った日記
③イスラエルの洞窟で発見された日記

Q 0072
自国の国王がホームのチケットを買い上げて国民に無料で配布するなど、サッカーの人気が高い国は？
①バーレーン　②トルクメニスタン
③キプロス　④ウズベキスタン

答えは次のページにあるよ

Q 0073
中国について、間違っているのは？
①野生のパンダは、中国にしかいない
②チベットとは、中国の一部地域のことである
③中国では、出された食事は、残さず食べるのが礼儀

Q 0074
モンゴルの日本との時差はどれくらい？
①日本より1時間遅い
②日本より2時間早い
③日本より3時間遅い
④日本より4時間早い

Q 0075
ヨルダンで大変人気がある、日本の文化は？
①茶道　②文楽　③相撲　④アニメ

Q 0076
モンゴルに伝わる歌唱法「ホーミー」の特徴は？
①舌打ちの音を有効に使う
②1人の歌い手が普通の声と高い声を同時に出す
③草笛で伴奏する

Q 0077
職業別に人々を上から「僧侶、貴族、商人、奴隷」の4階級に分ける、インドに昔あった身分制度をなんという？
①士農工商制度
②アリストクラシー制度
③カースト制度
④農奴制度

Q 0078
現存する世界最古の国はアジアにある。それはどこ？
①日本　②中国　③インド

Q 0079
日本やモンゴルと同じように、幼児の肌に「蒙古斑」（薄い灰色の跡）が出るのは、どこの国の民族？
①レバノン
②スリランカ
③アゼルバイジャン
④キルギス

Q 0080
モルディブの旧国歌と、同じメロディの曲は？
①仰げば尊し　②蛍の光
③きよしこの夜　④きらきら星

P10.11の答え　0049.③　0050.③　0051.②（青や緑の派手なデザインで、肌にしっかり沿う衣装である）　0052.④　0053.②　0054.①②（湿気を防ぐため、高床式住居である）　0055.①　0056.④（タイのチェンマイにはゾウの保護センターもあり、タイではなじみ深い動物の一つである）　0057.②　0058.③（手でつかんで食べるのが特徴）　0059.③（合掌は「ワイ」と呼ばれ、法律によって規定されている）　0060.②　（授業にあたり、韓国の伝統衣装を着るケースも多い）　0061.③（「エマ」が唐辛子で「ダツィ」がチーズ）　0062.②　0063.①　0064.③

13

アジア

Q 0081
略称としてイランの都市の名前がそのままついている、湿地保存に関する国際条約はなに？
①テヘラン条約 ②ラムサール条約
③マシュハド条約

Q 0082
次の国のうち、イスラム教を国教とするのは？
①タイ ②カンボジア
③ベトナム ④マレーシア

Q 0083
仏教の国、カンボジアやタイでお坊さんと接する時、気をつけなければならないことはなに？
①必ずお辞儀をする
②背中を向けない
③女性は触れてはいけない

Q 0084
イスラム教の聖地、メッカへのお祈りについて、間違っているのは？
①回数さえ守れば、お祈りする時間は本人が、自由に決めて良い
②世界中のモスク（イスラム教の礼拝堂）には、メッカの方向を表すための設備が必ず存在する
③イスラム教徒以外のメッカへの立ち入りは、厳しく制限されている

Q 0085
インドは別名「宗教の国」といわれるほど多くの宗教が入り込んでいるが、うち、最も信奉者が多い宗教は？
①キリスト教 ②仏教
③イスラム教 ④ヒンドゥー教

Q 0086
次のうち、インドが起源とされているものはどれ？
①扇子
②獅子舞
③オセロ
④剣道

Q 0087
「イラン・イスラム共和国」が正式国名であるように、厳格なイスラム国家であるイラン。その日常のならわしとして、間違っているのは？
①牛肉は食べない
②食事を手で食べる時は、左手を使わない
③お酒類は飲まない
④女性は肌をみだりに露出しない

Q 0088
2014年、ノーベル平和賞候補を受賞したパキスタンの当時17歳の少女が訴えていたことは？
①宗教の自由
②高額な税の撤廃
③女性の教育の権利

Q 0089
イラクやイラン、トルコに居住する、国家を持たない世界最大規模の民族をなんという？
①アムル族　②クルド族
③ゴリアテ族

Q 0090
イスラム教の経典の名前は？
①ヤコブ　②シバ
③コーラン　④アロン

Q 0091
ガンジス川でのものが有名な、水浴びをし、身を清める宗教的行為をなんという？
①入浴　②沐浴　③行水　④湯治

Q 0092
スリランカの約7割の人が信奉している宗教は？
①仏教　②キリスト教
③イスラム教　④ヒンドゥー教

Q 0093
東ティモールに占めるキリスト教徒の割合は？
①約99％以上　②約95％以上
③約50％以上　④約33％以上

Q 0094
1967年から1990年まで、北と南に分かれていた国は？
①アゼルバイジャン　②アルメニア
③イエメン　④クウェート

Q 0095
北ベトナムと南ベトナムをかつて分けていた境界は、以下のどれ？
①メコン川　②ファンシーパン山
③北緯17度線

Q 0096
イスラム教徒は毎日、メッカ（聖地）の方向へのお祈りが義務付けられているが、その回数は一日何回？
①2回　②3回
③4回　④5回

P12.13の答え　0065.③（キックボクシングと違い、肘を使うのが認められている）　0066.②　0067.④（全獲得メダル30個のうち、19個がバドミントンによるもの）　0068.③　0069.④　0070.④（足で行うバレーボールのような競技。タイにはプロリーグもある）　0071.②　0072.①　0073.①（少し残して「もう充分です」と示すのが礼儀。中国や韓国の、代表的な食事マナーである）　0074.①　0075.④　0076.②　0077.③（一部には今でも根強く残り、社会問題化している）　0078.①（約2000年、他国の支配を受けてない）　0079.④　0080.②

アジア

Q 0097
韓国の大統領選は、通常、何年ごとに行われる?
①4年ごと ②5年ごと
③8年ごと ④10年ごと

Q 0098
シンガポールの国歌のタイトルを和訳したものは?
①「我が祖国」 ②「美しい朝」
③「進めシンガポール」

Q 0099
戦争に対して常に中立でいることの出来る、「永世中立国」はどの国?
①キプロス ②タジキスタン
③トルクメニスタン ④アルメニア

Q 0100
キプロスの自動車事情について正しいのは?
①日本と同じ左側通行で、車は右ハンドル。
②日本と同じ左側通行だが、車は左ハンドル。
③日本と逆の右側通行だが、車は日本と同じ右ハンドル

Q 0101
タイでの男子の生活について正しいものは?
①一生に一度は仏門に入るという習わしがある
②選挙権は、25歳からである
④飲酒と喫煙が出来るのは21歳からである

Q 0102
インドネシアのバリ島に伝わる伝統舞踊、「レゴンダンス」は、特に体のどの部分の動きに特徴がある?
①髪
②手
③腰
④足

Q 0103
インドやネパールで行われるヒンドゥー教のお祭り、「ホーリー」の内容は?
①収穫した野菜をぶつけ合う
②色のついた水や粉をかけ合う
③本を交換し合う

Q 0104
ユダヤ民族が故郷を取り戻そうとする運動「シオニズム」が原動力となり、1948年に建国された国は?
①シリア ②バーレーン
③タジキスタン ④イスラエル

答えは次のページにあるよ

Q 0105
ロシアの前身であるソビエト連邦が崩壊した日は、1991年の何月何日？
①1月1日　②2月14日
③7月7日　④12月25日

Q 0106
フィリピンでクリスマスの飾りつけが始まるのは何月から？
①8月
②9月
③10月
④11月

Q 0107
サウジアラビアにはイスラム教徒の聖地、メッカがあるが、なぜこの場所が聖地といわれるのか？
①サウジアラビアという国のほぼ中心にあるから
②聖典「コーラン」がこの場所で編纂されたから
③イスラム教の開祖の生誕地だから

Q 0108
ベトナムで1000年以上の歴史を誇る人形劇「ムアゾイヌオック」の特徴は？
①人形が全て紙で出来ている
②水上で行われる
③天井からの、操り人形劇である

Q 0109
パキスタンで、最も信徒が多い宗教は？
①ヒンドゥー教　②仏教
③キリスト教　④イスラム教

Q 0110
カンボジアの代表的な舞踊として「アプサラ」があるが、その言葉の意味は？
①リズム
②心
③愛
④妖精

Q 0111
かつてベトナムは北ベトナムと南ベトナムに分かれていたが、それはいつ？
①1498年～1527年（日本の戦国時代）
②1786年～1802年（江戸時代）
③1954年～1975年（日本の戦後）

Q 0112
タイでは4月13日から15日までを「ソンクラーン」(旧正月)と呼ぶが、この期間に行われるのはどんなお祭り？
①古い紙を燃やす祭り
②仮面を被って踊り合う祭り
③水をかけ合う祭り

P14.15の答え　0081.②　0082.④（他の3国は仏教だが、イスラム教を信仰している）　0083.③（女性に触れると、今までの修行の徳がなくなるとされているため）　0084.①　0085.④　0086.②（同地でのライオンを崇めた踊りから）　0087.①（豚肉は食べない）　0088.③　0089.②　0090.③　0091.②　0092.①（仏教関係の遺跡も多い）　0093.①　0094.③（1967年にイギリスから南イエメン人民共和国が独立したが、経済的な行き詰まりで、1990年に北イエメンと合併した）　0095.③　0096.④（なお、イスラム教徒でも、シーア派は3回で良いとされている）

アジア

Q 0113
中国で最も大きなお祭りとされる、春節で鳴らされるものは？
①銅鑼　②カスタネット
③太鼓　④爆竹

Q 0114
現在のアルメニア共和国の前身、アルメニア国について正しいのは？
①キリスト教を初めて国教化した
②キリストが生まれた場所とされる
③聖書が初めて書かれた場所である

Q 0115
1996年から2001年12月の和平プロセスへの合意が行われるまでアフガニスタンを、「アフガニスタン・イスラーム首長国」とし、実権を握っていた政権の名は？
①ホメイニ政権　②サダト政権
③タリバン政権　④オマル政権

Q 0116
1948年に独立したイスラエルの独立宣言では、イスラエルはなんの誕生の地とされた？
①キリスト教　②イエス・キリスト
③ユダヤ人　④イスラム教

Q 0117
1991年の「湾岸戦争」とは、前年にイラクがどこの国を占領したことで始まった戦争？
①アフガニスタン　②クウェート
③シリア　④パレスチナ

Q 0118
今でもジョージアからは自国の一部とされるアブハジア共和国が、ロシアから独立の承認を受けたのはいつ？
①1993年　②1998年
③2003年　④2008年

Q 0119
旧約聖書で出て来る「ノアの方舟」が流れついた場所は、今でいうどこの国の周辺とされている？
①ロシア
②アルメニア
③パレスチナ
④カンボジア

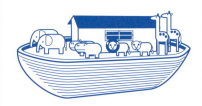

Q 0120
イランは、1979年、革命により成立したが、その影響で世界で起こったことは？
①アフリカゾウの乱獲
②地球温暖化問題
③石油が高くなる、オイルショック

18

答えは次のページにあるよ

Q 0121
シンガポールで一般的に禁じられていることは？
①喫煙をすること　②犬を飼うこと
③ガムを噛むこと
④ゴルフをすること

Q 0122
13世紀の独立から今まで、他国による支配を受けずにいる国は？
①ブルネイ　②タイ
③モルディブ　④インド

Q 0123
2003年にジョージアで起こった、暴力を使わず大統領を辞任させた革命をなんという？
①ネコ革命
②バラ革命
③チョコレート革命

Q 0124
パレスチナ（パレスチナ自治政府）は、1994年、どこの国から分け合う形で設立された？
①アラブ首長国連邦　②カタール
③イスラエル　④シリア

Q 0125
1991年に独立を宣言した南オセチアは、最初に他の国から独立を承認されるまで、何年かかった？
①4年　②6年　③11年　④17年

Q 0126
パキスタンはもともとインドの一部であったが、1947年に分離独立した主な理由はなに？
①民族の違い　②宗教の違い
③産油国として自立のメドが立ったから

Q 0127
レバノンで1975年に始まった内戦（レバノン内戦）が終結したのはいつ？
①1980年　②1885年
③1990年　④1995年

Q 0128
クウェートで女性の参政権が認められた年は？
①1990年
②1995年
③2000年
④2005年

P16.17の答え　0097.②（国会議員選挙と地方選挙は4年ごとに実施される）　0098.③（原題「Majulah Singapura」の「Majulah」が「進め」「前へ」の意味）　0099.③（中東ではトルクメニスタンのみ。他にオーストリアとスイスがある）　0100.①　0101.①（20歳になるまでに、最低でも半月から3か月仏門に入るのが一般的であり、これをしないと結婚も難しいという）　0102.②　0103.②（悪魔を追い払うお祭りとされ、当日は色の粉や水鉄砲を売る露店が出る）　0104.④　0105.④　0106.②　0107.③　0108.②　0109.①　0110.④（神に捧げる踊りとされる）　0111.③　0112.③

19

アジア

アジア 地域クイズ

Q 0129
インドネシアの首都ジャカルタで、最も大きな問題になっているのは？
①水不足問題　②高齢者福祉問題
③交通渋滞問題
④パソコンのハッキング問題

Q 0130
イスラエルの国旗にある、三角を2つ重ねた星型は、なにを意味する？
①アラビア語
②ユダヤ人
③中東全体
④聖地であるエルサレム

Q 0131
インドの他、経済成長の著しいブラジル、ロシア、中国の4か国の頭文字を合わせたものをなんという？
①RIBCs　②CIRBs
③BRICs　④IRCBs

Q 0132
マレーシアを漢字で表記した時、正しいのは？
①真玲史亜　②馬来西亜
③麻頼詩亜　④磨礼師亜

Q 0133
「シンガポール」の国名に込められた意味は？
①波の都　②ライオンの都
③太陽の都　④バナナの都

Q 0134
インドネシアの首都ジャカルタに本部のある、アジア諸国が互いに協力し合う「東南アジア諸国連合」のことをなんという？
①AP（エーピー）
②APEC（エイペック）
③ASEAN（アセアン）
④ATM（エーティーエム）

Q 0135
バングラディシュの国旗は赤い丸のみと日本の国旗に似ているが、背景の色は？
①薄い水色
②濃い黄色
③深緑
④灰色

Q 0136
アラブ首長国連邦は、いくつかの首長国から出来ているが、その数は？
①4　②7　③14　④28

答えは次のページにあるよ

Q 0137
ネパールの国旗は、世界で唯一、長方形ではなく、三角が2つ重なった形をしている。なぜそのような形になった？
①建国の時に民族が分裂したので、1枚の国旗を2つに分けた
②王家と宰相家が使用していた2つの三角旗を重ねた
③国土の大部分を占める、ヒマラヤ山脈を表現している

Q 0138
ミャンマーの1989年までの国名は？
①ラングーン　②ヤンゴン
③ビルマ　④バガン

Q 0139
北朝鮮と韓国は、北緯何度で分けられている？

Q 0140
北キプロス・トルコ共和国について、間違っているのは？
①キプロス島の北部にある
②キプロス共和国から独立した
③国際連合加盟国のほとんどから国家としての承認を受けている

Q 0141
日本の人口密度は、1㎢につき約336人であるが、モンゴルの人口密度は約何人？(2016年)
①2人　②3人　③4人　④5人

Q 0142
1993年、サッカーの日本代表がイラク代表と引き分け、ワールドカップ初出場を逃した出来事を"ドーハの悲劇"というが、このドーハとはどこの国の首都？
①アフガニスタン　②イラン
③イラク　④カタール

Q 0143
カザフスタンの首都アスタナについて、正しいのは？
①都市計画をしたのは日本人だ
②同国で最も人口が多い都市である
③1991年のカザフスタン独立と同時に首都となった

Q 0144
オマーンの首都名は？
①グレープ
②マスカット
③ルビー
④デラウェア

P18.19の答え　0113.④　0114.①（301年のことであった）　0115.③　0116.③（それまではイギリスに統治されていた）　0117.②　0118.④　0119.②　0120.③（イランは世界的な石油産出国）　0121.③（海外からの持ち込みも禁止されている。吐き捨てられると景観を損なうためと見られる）　0122.②　0123.②（反対勢力が手にバラを持って議会を占拠したことから）　0124.③　0125.④　0126.②　0127.①　0128.④（中東諸国は女性の地位に厳しく、サウジアラビアでの女性の参政権は、2015年にようやく認められた）

アジア

Q 0145
2014年に日本との首脳会談で、呼び方がジョージアに定まった国名は、それまで日本でなんと呼ばれていた？
①カルトベリ　②サカルトベロ
③グルジア

Q 0146
次のうち、中国が世界一でないものは？
①人口　②米の生産量
③インターネット利用者数
④産業用ロボット稼働台数

Q 0147
シンガポールのチャンギ国際空港のように、内外の航空路線がそこを拠点に四方へのびている空港をなんという？
①スネーク空港　②コブラ空港
③ハブ空港

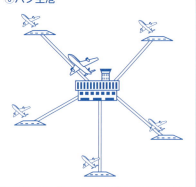

Q 0148
次のうち、世界一寒い首都といわれるのは？（括弧内はそれを首都とする国）
①台北（台湾）　②平壌（北朝鮮）
③ウランバートル（モンゴル）
④ベイルート（レバノン）

Q 0149
イスラエルの首都について正しいのは？
①機能に分かれて3つある。
②自国の主張する首都と、国際連合が主張する首都とが違う
③面積が、世界最小の首都である

Q 0150
シンガポールの国の半分以上を占めるのは？
①森林　②貯水池
③砂丘　④コンクリート地面

Q 0151
アゼルバイジャンの西にある、「アルツァフ共和国」について正しいのは？（複数回答可）
①アルメニア以外から独立を認められていない
②アゼルバイジャンの国の中にあり、他に接している国がない
③国旗がない

Q 0152
ベトナムのメコン川の河口にもある、2本以上の川と海にかこまれ、三角形に似た地形を、なんという？
①オメガ　②ベータ
③シグマ　④デルタ

22

答えは次のページにあるよ

Q 0153
ミャンマーもその被害を受けることがある、インド洋上に発生する台風をなんという？
①トルネード ②ストーム ③サイクロン

Q 0157
深圳、珠海など、中国の都市が特に有名な、経済発展のために、法的、行政的に特別な地位を与えられている地域をなんという？
①経済別区 ②経済異区 ③経済特区

Q 0154
レバノンにないものは？
①砂漠 ②山 ③お酒 ④レンタカー

Q 0158
モンゴルにある、世界で5番目の大きさを誇る砂漠は？
①タクラマカン砂漠 ②カラハリ砂漠 ③ゴビ砂漠 ④ナミブ砂漠

Q 0155
シンガポールの国の大きさとして近いのは？
①北海道の100分の1
②北海道の10分の1
③北海道の4分の1
④北海道の半分

Q 0159
次の3つの国を、人口の多い順に並べよう。
①日本 ②バングラディシュ ③パキスタン

Q 0156
雨季の多いタイなどの稲作で、実際にある対策は？
①雲を移動させ晴れ間を覗かせる技術
②いくら水浸しになっても、先端だけは出る特殊な稲
③水分を吸っても、すぐに乾燥する特殊な土壌

Q 0160
日本の人口密度は、1k㎡につき約336人であるが、シンガポールの人口密度は、1k㎡あたり約何人？（2016年）
①545人 ②2022人 ③8044人 ④22872人

P20.21の答え 0129.③（道路の面積を車の面積が超えそうな事態という。道路整備がままならないことや地下鉄がないことも原因） 0130.② 0131.③（ブリックスと読む） 0132.②（一文字で表す時は「馬」） 0133.② 0134.③ 0135.③（丸が少し左よりである） 0136.② 0137.② 0138.③ 0139.38度（1948年に分けられた） 0140.③（トルコだけが国として承認している） 0141.②（最も人口密度の低い国である） 0142.④（この予選に、カタールは参加していない） 0143.① 0144.②（アラビア語で「最良の停泊地」という説が有力）

23

アジア

Q 0161
トルクメニスタンのカラクム砂漠にある「地獄の門」とは、どんな場所？
① 地下の海へとつながる、大変深い穴
② 天然ガスが噴出し、ずっと燃えている場所
③ 変わった岩が重なり、鳥居のようになっている場所

Q 0162
ベトナムやタイに見られる、雨季と乾季にはっきり分かれる暑い気候で、熱帯雨林気候の周辺に見られる気候区分は？
① 砂漠気候　② 温暖湿潤気候
③ サバナ気候　④ 湿潤大陸性気候

Q 0163
韓国が受注量世界一を誇る産業は？（2017年）
① 飛行機　② 自動車　③ 船　④ 鉄道車両

Q 0164
東ティモールについて正しいのは？
（複数回答可）
① アジアで、最も最近出来た国である
② 領土がすべて島にある、島国である
③ 日本と面積が、ほぼ同じである

Q 0165
ブータンの国土のほとんどを占め、中国、インド、ネパール、パキスタン、アフガニスタンにまたがる、「世界の屋根」といわれる有名な山脈は？
① アンデス山脈　② アルプス山脈
③ ヒマラヤ山脈　④ ロッキー山脈

Q 0166
サウジアラビアにある、世界最大級の工場群の内容は？
① 石をスライスする工場
② 海水を真水に変える工場
③ 日焼け止めクリームの工場

Q 0167
マレーシアのような赤道近くの国に見られる、年間を通して高温多湿で、乾季がなく、スコールという激しい雨をともなう気候の名は？
① 熱帯モンスーン気候
② 熱帯雨林気候
③ 熱帯夏季少雨気候
④ 温帯夏雨気候

Q 0168
イランで「カナート」と呼ばれるのはなに？
① 地下用水路　② フタコブラクダ
③ 日焼け止めクリーム

Q 0169
インド半島の大部分を占める高原の名は？
①チベット高原　②コロラド高原
③アクエリアス高原　④デカン高原

Q 0170
雨の多い雨季とほとんど雨の降らない乾季にはっきりと分かれるカンボジアに影響を与える風の名は？

Q 0171
イラクの呼びかけで設立された産油国の組織「石油輸出国機構」を英語4文字でなんという？
①OPEC　②EFTA
③JICA　④CTBT

Q 0172
イスラエルとヨルダンの国境にある、塩分が高いため、人が浮く湖の名は？
①塩海　②白海　③死海　④浮海

Q 0173
世界では、ウズベキスタンとヨーロッパのリヒテンシュタインしか例がない、「二重内陸国」とは、どんな国のこと？
①国境の全てを一つの国で囲まれている国
②自国の中に湖があり、そこに島がある国
③国境を2度通らないと、海に行けない国

Q 0174
タジキスタンの国土のうち、山地は何％？
①約93％　②約77％
③約67％　④約51％

Q 0175
キルギスと中国の国境にある山脈の名は？
①トランシルヴァニアアルプス山脈
②天山山脈　③ビスマーク山脈
④西ガーツ山脈

Q 0176
スリランカの大きさとして近いものは？
①四国　②北海道　③本州　④日本

P22.23の答え　0145.③　0146.④（これのみ日本が1位である）　0147.③（ハブとは車輪の轂の意味）　0148.③（標高約1350mの場所にあり、1月の平均気温はマイナス20度にもなるという）　0149.②　0150.②（雨が降っても、すぐ周囲の海に流れてしまうため、意外にも渇水国なのである）　0151.①②　0152.③（三角州ともいう。ギリシャ文字のデルタ（Δ）に似ているため）　0153.③　0154.①　0155.①（北海道の約8万km²に対し、シンガポールは約0.07万km²である）　0156.②　0157.①　0158.②　0159.③→②→①　0160.③（世界で2番目に人口密度の高い国。ちなみに1番はマカオで④）

アジア

Q 0177
インドネシアにあるおおよその島の数は？
①約300　②約400
③約8000　④約1万7千

Q 0178
カンボジアにある、東南アジア最大の湖といわれるトンレサップ湖で見られる光景は？
①水上に家や学校、病院などもある
②湖の両端をつなぐ、巨大な橋
③毎週行われる、ボートのレース

Q 0179
パキスタンの輸出品として最も多いものは？(金額ベース)
①革製品　②衣類などの繊維製品
③冷凍魚介類　④りんご

Q 0180
インドネシアが生産量世界一を誇る、アブラヤシの果実からとれるパーム油は、主にどんなものに使われている？
①アロマオイル
②マーガリン
③革製品のつや出し
④エンジンオイル

Q 0181
スリランカにおけるお茶の生産でも見られる、一つの農作物を大規模な農園で生産する方式をなんという？
①エステート　②プランテーション
③ランドラッシュ　④ソフホーズ

Q 0182
インドネシア産のコーヒー豆などに見られる「フェアトレード」という取引とはどんなもの？
①同じ価値のものと物々交換
②世界的に見て、適正な価格での取り引き
③無料で譲ること

Q 0183
中国が生産量世界一のものは？
(複数回答可)
①茶　②大麦
③りんご　④くるみ

Q 0184
中国で、その新品の生産数が世界一ではないものは？
①自動車　②自転車
③列車の車両　④トラクター

答えは次のページにあるよ

Q 0185
台湾において、養殖も含む漁獲量世界一を誇るものはどれ？
①ブリ　②スギ
③ハマグリ　④コイ

Q 0186
米の輸出量世界トップ3の国々を、1位から順に並べよう。
①インド　②タイ　③ベトナム

Q 0187
スリランカの茶の生産量は世界で第何位か？
①1位　②2位
③4位　④8位

Q 0188
インドネシアが漁獲量世界一を誇るものは？
①カツオ　②エビ
③サワラ　④チョウザメ

Q 0189
北朝鮮が収穫量で世界2位を誇るものはどれ？
①フグ　②昆布　③カニ　④ウナギ

Q 0190
日本における輸入量として、マレーシアが1位であるものは？
①大豆　②原油
③LNG（液化天然ガス）　④木材

Q 0191
「石油大国」といわれるサウジアラビアが、世界一でないものは？（2つ）
①石油の埋蔵量
②石油の精製能力（製造能力）
③石油の輸出量

Q 0192
日本での輸入量として、インドネシアが1位であるものは？
①木材　②天然ゴム
③羊毛　④ウラン

P24.25の答え　0161. ②　0162. ③（サバンナ気候ともいう）　0163. ①（世界の造船会社受注量1位から5位までのうち、韓国の会社は3社である）　0164. ①②　0165. ③（世界最高峰のエベレストもこの中にある）　0166. ②（地下水やオアシスでは全く足りず、日本の企業も協力している）　0167. ②（ブラジルのアマゾン川流域にも見られる）　0168. ①　0169. ④　0170. 季節風（モンスーン）　0171. ①　0172. ③　0173. ③（国境の全てを、海と接さない内陸国で囲まれている国のこと）　0174. ①（耕作可能な土地が約7％しかなく、失業率も高い）　0175. ②　0176. ③

27

北アメリカ

北アメリカの
世界初・世界一・世界遺産

NORTH AMERICA

Q 0193
次のうち、アメリカで生まれたものではないものはどれ？
① ジーンズ
② ホットドッグ
③ ネクタイ
④ コカコーラ

Q 0194
次のうち、カナダにあるものはどれ？
① 世界最古の橋
② 世界で最も広い動物園
③ 世界一小さな教会

Q 0195
世界で初めて、コスタリカに設置されたといわれるものはなに？
① テトラポット　② ジャングルジム
③ 公衆電話　④ 自動販売機

Q 0196
アメリカの世界遺産、「イエローストーン国立公園」について、間違っているのはどれ？
① 大きさは日本でいえば、四国ほどである
② イエローストーンとは、公園内の渓谷の岩が黄色いことから
③ 世界で最初の国立公園である

Q 0197
セントルシア唯一の世界遺産である「ピトン管理地域」の主な特徴はどれ？
① 青色に彩られた教会群
②「双子の山」といわれる、2つの火山
③ 洞窟に彫られた古代の人たちによる風景画

Q 0198
ドミニカ国の世界遺産、「モゥーン・トワ・ピトン国立公園」に生息するのは、次のうちどれ？
① 世界最大のカブトムシ
② 世界最大の花　③ 世界最小の猿

Q 0199
ベリーズの世界遺産で、同じ種類では世界で2番目の大きさのものはなに？
① 古墳　② 教会
③ サンゴ礁　④ オペラ劇場

Q 0200
メキシコの世界遺産で、1500年以上前に存在した巨大な宗教都市遺跡をなんという？
① テオティワカン
② ペトラ
③ バハラ
④ スレイマン

答えは次のページにあるよ

Q 0201
ホンジュラスに住む民族、ガリフナ人の言語と舞踊は、ユネスコの無形文化遺産に登録されているが、その舞踊「ドゥグ」で行われることとは？
①先祖の霊を呼び起こす
②体の動きで、愛を表現する
③亡くなった動物たちの供養

Q 0202
アメリカで最初に発明されたものは？
（複数回答可）
①潜水艦　②エスカレーター
③乳酸菌飲料　④缶切り

Q 0203
メキシコの標高３０００mあたりに棲むメキシコウサギは、絶滅の危機に瀕しているが、こうした絶滅危惧種たちが載っているリストをなんという？
①エンドデータブック
②ライフデータブック
③レッドデータブック
④パスデータブック

Q 0204
次の職業のうち、アメリカで最初に生まれたのはどれ？
①マンガ家　②スチュワーデス
③ピエロ

Q 0205
アメリカ・ハワイ島の世界遺産、「ハワイ火山国立公園」で見ることができる光景はどれ？
①火山口の中に、ジャガーが住んでいる様子
②高い噴煙により、太陽が隠れ、真っ暗になる様子
③溶岩の流れ出る様子

Q 0206
アメリカの世界遺産、自由の女神像が、左手に持っているものはなに？
①辞書
②国語辞典
③合衆国の憲法
④独立宣言書

Q 0207
カナダで製本された、世界最大の本のサイズとして正しいのはどれ？
①縦3m × 横2m × 厚さ1.5m
②縦4.5m × 横2.5m × 厚さ1m
③縦15m × 横8m × 厚さ3m

Q 0208
ドミニカ共和国の無形遺産であり、ヨーロッパの舞台とアフリカの音楽、踊りが融合した舞踊を、なんという？
①ココロ　②オモイ
③コドウ　④イノチ

P26.27の答え　0177.④（世界で最も島が多い国である）　0178.①　0179.②　0180.①（他に石鹸や食用油にも使われる）　0181.②　0182.②　0183.①③④　0184.④　0185.①（日本でも輸入されている）　0186.②→③→①　0187.③（かつての国名を付けて、"セイロン・ティー"と呼ばれる）　0188.①　0189.②（1位の中国と圧倒的な差がある）　0190.③（液化天然ガスとは、天然ガスを圧縮＆冷却したもので、液化した状態で日本に運ばれて来る）　0191.①、②　0192.②（生産量では世界2位。1位はタイである）

北アメリカ

北アメリカ くらしクイズ

Q 0209
キューバが名産地と知られるものに、ラム酒があるが、その原料はなに？
①桃　②さとうきび
③塩　④キャベツ

Q 0210
メキシコ人の主食である薄焼きパンをトルティーヤというが、その原材料はなに？
①米
②小麦
③とうもろこし
④そば粉

Q 0211
日本における輸入量として、メキシコが1位でないものはどれ？（2016年）
①オレンジ　②アボガド
③メロン　④マンゴー

Q 0212
お店の権利を提供し、加盟店を増やしていく手法を、フランチャイズ・ビジネスというが、このビジネス方式をアメリカで最初に導入したお店は？
①ファミリーマート
②ケンタッキーフライドチキン
③スターバックスコーヒー

Q 0213
竜舌蘭という植物から作る、メキシコのお酒をなんという？
①バーボン　②ウォッカ
③テキーラ　④ジン

Q 0214
古代メキシコ語で、「ふくらむ果実」という意味の言葉が名前の元となった食べ物はなに？
①パイナップル　②トマト
③マンゴスチン　④プラム

Q 0215
英語で、「バルバドスチェリー」といわれる果実はどれ？
①ビワ　②キンカン
③アンズ　④アセロラ

Q 0216
中米にある、バルバドスという国で生まれた果実はどれ？
①なし　②グレープフルーツ
③ライム　④サクランボ

30

Q 0217
中米の島、グレナダの主要作物として知られ、同国の国旗にもその実が描かれている、甘い香りの香辛料の名は？
①クミン
②シナモン
③クローブ
④ナツメグ

Q 0218
アメリカ生まれの有名ファストフード店「マクドナルド」の看板にある「M」は、なにを表している？
①「マクドナルド」の「M」
②「MEAL」(食事)の「M」
③2つ丸い橋を並べた「M」

Q 0219
メキシコが、世界の中で1人あたりの年間消費量1位であるものはなに？
①牛乳　②ココア
③ワイン　④コーラ

Q 0220
アメリカで生まれたお店がもとになったコンビニエンスストア、ローソンの看板に書いてある、白い容器はなに？
①石油缶　②薬瓶
③水筒　④ミルク缶

Q 0221
メキシコ生まれのサラダはどれ？
①コールスロー　②シーザーサラダ
③マカロニサラダ　④コブサラダ

Q 0222
フライドポテトにグレービーソースとチェダーチーズをかけた、カナダの代表的なファストフードの名は？
①プーティン
②スモア
③ヴェジーバーガー
④ベイクドポテト

Q 0223
ドミニカ共和国の名物料理「トストーネス」は、あるものを油で揚げたものである。さて、そのあるものとは？
①チーズ　②リンゴ
③バナナ　④エンドウマメ

Q 0224
カナダの食事情について、正しいのはどれ？
①サーモン(鮭)が有名だが、イクラを食べる習慣がない
②マツタケごはんは、カナダでも親しまれている
③「ナナイモバー」という、イモを串に刺した料理がある

P28.29の答え　0193.③(欧州発祥といわれる)　0194.③　0195.③　0196.①(大きさは四国の約半分。1872年創設)　0197.②(森や周辺の海岸に豊かな生態系も持つ、自然保護区である)　0198.①(ヘラクレスオオカブトムシである)　0199.③　0200.①(神々の都市という意味である)　0201.①(祖先への想いは、極めて強い)　0202.①②④(①は1900年、②は1807年、④は1858年)　0203.④　0204.②　0205.③　0206.④　0207.②　0208.①(「移住者」の意味。19世紀がピークで、最近は衰退し、保存が叫ばれている)

北アメリカ

Q 0225
ジャマイカや、イギリス、ノルウェー、スウェーデンなどのキリスト教圏では、12月26日が祝日になっていることが多い。その祝日の名は？
①ベースボールデー　②テニスデー
③ボクシングデー　④フリスビーデー

Q 0226
ベリーズでは、3月9日が「ブリス男爵記念日」という祝日である。男爵の命日でもあるその日には、どんなことが行われる？
①芸術好きだった男爵にちなんで、写生大会
②スポーツ好きだった男爵にちなんで、各種スポーツ大会
③美食家だった男爵にちなんで、大食い大会

Q 0227
グアテマラの先住民の民芸品として、「ウイピル」というブラウスがあるが、その特徴は？
①通気の良いように、あらかじめ切り込みが入れてある
②リバーシブル仕様になっている
③極めて派手な刺繍がしてある

Q 0228
アメリカの西海岸と東海岸では、最大何時間の時差がある？
①1時間　②2時間
③3時間　④0時間（時差なし）

Q 0229
漢字で「桑港」と書くアメリカの都市は？
①ワシントン　②ニューヨーク
③ロサンゼルス　④サンフランシスコ

Q 0230
今では誰もが持っている衣料品、ジーンズはアメリカで生まれたもので、インディゴブルーといわれる青い生地が多いが、それはなぜ？
①最も（価格が）安く染められたから
②水に濡れても目立たぬように配慮したもの
③蛇や虫除けの効果があると信じられていたため

Q 0231
ジャマイカの電話番号として、正しいものはどれ？
①救急車、消防署が119番、警察が110番
②救急車、消防署、警察が全て110番
③救急車、消防署が110番、警察が119番

Q 0232
海外で日本人が多く住む地域を日本人街というが、中でもロサンゼルスにある世界最大の日本人街をなんという？
①スモール・ジャパン
②リトル・トーキョー
③サクラ・インターナショナル
④フジ・ハウス

答えは次のページにあるよ

Q 0233
エルサルバドルでの、警察の電話番号は？
①123　②110
③119　④177

Q 0234
グアテマラの紙幣の特徴は？
①ダイヤ形の紙幣である
②マヤ文明の時代の数字が書かれている
③国の位置を表す海図が描かれている

Q 0235
ツバが広い夏用の帽子、「パナマ帽」の名前の由来として、有力なものはどれ？
①パナマが原産のパナマソウで編まれたから
②パナマ運河を作る際、工夫たちが愛用していたから
③新たなパナマ名物として、独自に作られたものだから

Q 0236
カナダの最西端と、最東端ニューファンドランドとの時差は？
①1時間　②2時間30分
③4時間30分　④8時間

Q 0237
本当にあるメキシコの祝日はどれ？
①ペソ（メキシコの通貨単位）の日
②犬の日　③女性の日　④死者の日

Q 0238
雪原地帯で生活する、エスキモーのうち、特にカナダにいる彼らをなんという？
①ユビク
②イヌイット
③ノースマン
④クヌート

Q 0239
原産地のメキシコの州の名前であり、ペットとしても人気の動物はどれ？
①チワワ　②マルチーズ
③チンチラ　④フェレット

Q 0240
メキシコについて間違っているのはどれ？
①コンセントプラグの形状は、日本と同じである
②道路は、日本と同じく、人優先である
③コスモスは、メキシコ生まれの花である

P30.31の答え　0209.②（キューバでは葉巻とラム酒が世界的な名産品である）　0210.③　0211.①　0212.②　0213.③（非常に強いお酒なので、ライムをしぼって飲むのが一般的）　0214.②　0215.④　0216.②（柑橘系のボンタンを交配させて出来たといわれる）　0217.④（同国では、ハンバーグの香り出しなどに使われる）　0218.③（創業当初にあった橋のオブジェをイメージしたもの。「ゴールデンアーチ」と呼ばれる）　0219.④　0220.④（もとのアメリカのお店が、ミルクショップだったため）　0221.②　0222.①　0223.③　0224.①

33

北アメリカ

Q 0241
ドミニカ国の異称として、最も正しいと思われるものは？
①カリブ海の動物園
②カリブ海の植物園
③カリブ海の水族館

Q 0242
ニカラグアに入国する際は、ツーリストカードが配られ、グアテマラ、エルサルバドル、ホンジュラスを含め4か国での合計滞在予定日数を申請し、判断を仰ぐが、最長で何日まで申請が可能？
①30日　②90日
③124日　④365日

Q 0243
ニカラグアにある「ニカラグア湖」は、世界で10番目に大きな淡水湖（塩分のない湖）だが、意外にもここにいる海の生物は？
①シロナガスクジラ
②オオメジロザメ
③ウミウシ
④デンキウナギ

Q 0244
日本だけでも7500万ドル以上をハイチに支援した、2010年1月に起こった、ハイチでの大規模な災害とは？
①台風　②津波
③地震　④干ばつ

Q 0245
バハマの経済について、正しいのはどれ？
①売っている商品に、税金がかからない
②チップを渡すという慣習が、法律によって禁止されている
③製造業と農業、サービス業が、ほぼ3割ずつの割合で経済を支えている

Q 0246
観光業が有名なバハマのブルーラグーン島で出来る体験は？（複数回答可）
①ウミガメの養殖を見る
②カジキを釣る
③イルカと一緒に泳ぐ

Q 0247
バハマ諸島の1つ、エルーセラ島ハーバーアイランドに広がる、珍しい色の砂浜の名前は？
①ピンク（桃色）サンド・ビーチ
②グリーン（緑）サンド・ビーチ
③ブルー（青）サンド・ビーチ

Q 0248
その自然の素晴らしさから、呼ばれるベリーズの別名はなに？
①「カリブ海の宝石」
②「カリブ海の星」
③「カリブ海の女神」
④「カリブ海の涙」

答えは次のページにあるよ

Q 0249
アメリカで初めてのコンビニエンスストアとなった店は、もともとなんの店だった？
①ガソリンスタンド ②酒屋
③パン屋 ④氷屋

Q 0250
中米の島国、グレナダ発行の切手のデザインになったことがある日本の女優は？
①松田聖子
②沢口靖子
③南野陽子
④牧瀬理穂

Q 0251
パナマの通貨について、間違っているのはどれ？
①単位は、バルボアである
②独自の硬幣はあるが、紙幣はない
③国旗がそのまま、紙幣の大部分のデザインになっている

Q 0252
英語とアフリカの言語をベースにした、ジャマイカで生まれた独特な言葉をなんという？
①ハイダ語 ②パトワ語
③サーニッチ語 ④オジブウェー語

Q 0253
次のうち、コスタリカにある大学は？
①国際連合平和大学
②国際水族館大学
③国際錬金術大学
④地震研究大学

Q 0254
アメリカはニューヨークのセントラルパーク内に、ビートルズの楽曲のタイトルと同じ「ストロベリー・フィールズ」という場所が存在するが、この場所について間違っているのはどれ？
①毎年決まった日に、ビートルズのコピーバンド大会が行われる
②ジョン・レノンの「IMAGINE」の碑がある
③近くに、ジョン・レノンが住んでいた。
④イギリスに、同じ名前の孤児院があった

Q 0255
カナダの公用語は、英語となに？
①フランス語 ②スペイン語
③ポルトガル語 ④ロシア語

Q 0256
コスタリカの通貨単位はどれ？
①キリストに由来する、キリス
②コロンブスに由来する、コロン
③インディアンに由来する、ディアン

P32.33の答え 0225.③（前日のクリスマスに貰った箱を開けることから。スポーツのボクシングとは関係ない） 0226.②. 0227.③（同国の民族衣装といっても良いもので、お土産としても人気である） 0228.③ 0229.④ 0230.③ 0231.①（日本と逆である） 0232.① 0233.① 0234.② 0235.②（パナマソウの原産地はエクアドルであり、もともとこの帽子も、エクアドル生まれである） 0236.③ 0237.④ 0238.②（彼らが住む氷の家を、イグルーという） 0239.①（メキシコの北西部にある州である） 0240.②

35

北アメリカ

北アメリカ 文化クイズ

Q 0257
南部の都市、ニューオーリンズが発祥の地とされる音楽はなに？
①フォーク　②ジャズ
③ヒップホップ　④マンボ

Q 0258
アメリカのプロ野球、メジャーリーグの外国人選手として、最も多くの選手が登録されている国は以下のどこ？
①日本　②カナダ
③キューバ　④ドミニカ共和国

Q 0259
カナダ生まれでない人物は、だれ？
①アヴリル・ラヴィーン
②セリーヌ・ディオン
③ジョニー・デップ
④ジム・キャリー

Q 0260
メキシコの国技ともいわれる、現地でのプロレスをなんという？
①キャッチ　②パンクラチオン
③ルチャリブレ
④ファイティングアーツ

Q 0261
キューバ音楽から生まれたとされる、独特のリズムを刻むラテン音楽をなんという？
①ボサノヴァ　②サルサ
③ブルース　④ファンク

Q 0262
コスタリカの世界遺産であるココ島は、豊かな自然が特徴だが、ここで一部撮影された映画は？
①アバター
②アリス・イン・ワンダーランド
③ロード・オブ・ザ・リング
④ジュラシック・パーク

Q 0263
ジャマイカで生まれた4拍子の大衆音楽をなんという？
①ハウス　②レゲエ
③ブレイクビート
④R（リズム）＆B（ブルース）

Q 0264
トリニダード・トバゴで生まれた、「20世紀に生まれた唯一のアコースティック楽器」と呼ばれるものは？
①カスタネット　②トライアングル
③ウクレレ　④スチールドラム

答えは次のページにあるよ

Q 0265
男子短距離走の100mや200mなどの世界記録保持者であるウサイン・ボルト選手は、北アメリカの、どこの国の選手？
①アメリカ ②キューバ
③ジャマイカ ④ドミニカ共和国

Q 0266
ドミニカ共和国の首都サント・ドミンゴでの祭りも有名な、ドミニカ独特のダンス音楽をなんという？
①カスタード ②マシュマロ
③メレンゲ ④ヘーゼルナッツ

Q 0267
「奴隷解放宣言」(1863年)を出した大統領はだれ？
①ワシントン
②リンカーン
③ケネディ
④ルーズベルト

Q 0268
トリニダード・トバゴのトリニダード島が発祥とされるダンスは？
①フラダンス ②チャチャ
③リンボーダンス ④フォークダンス

Q 0269
アメリカ合衆国の「4大スポーツ」とは、ベースボール(野球)、アメリカン・フットボール、バスケットボールと、あと1つはなに？
①サッカー ②テニス
③ハンドボール ④アイスホッケー

Q 0270
次のうち、カナダの作家が書いた作品はどれ？
①『トム・ソーヤの冒険』
②『ゲド戦記』 ③『赤毛のアン』
④「ムーミン」シリーズ

Q 0271
2007年に、中米諸国を含む西インド諸島でワールドカップが開催された、中米で人気のスポーツとは？
①セパタクロー ②クリケット
③ビーチバレー ④フェンシング

Q 0272
アメリカの先住民たちが象徴として作って来た、高い柱状の彫刻をなんという？
①ランドマーク
②イエローリボン
③トーテムポール
④ガーゴイル

P34.35の答え 0241.② 0242.②(91日以上の場合は、ビザを申請して滞在可能) 0243.② 0244.③(ハイチ地震といわれる。マグニチュードは7.0であった) 0245.① 0246.①②③ 0247.①(赤サンゴとコンク貝が混じり合っているため、うっすらとコーラルピンクに染まる) 0248.① 0249.④ 0250.② 0251.③(1バルボア=1ドルと固定されており、紙幣はアメリカのドル紙幣をそのまま使う) 0252.② 0253.① 0254.① 0255.①(約6割が英語を使い、フランスによって開拓された州もあるため、約2割がフランス語を使う) 0256.②

北アメリカ

Q 0273
次のアメリカの作家を、代表作とつなげよう。
①エドガー・アラン・ポー
②サリンジャー
③メルヴィル　④オー・ヘンリー
A『ライ麦畑でつかまえて』
B『最後の一葉』
C『黒猫』　D『白鯨』

Q 0274
次のうち、アメリカの作家によるものでない名探偵はだれ？
①刑事コロンボ
②フィリップ・マーロウ
③エラリー・クィーン　④メグレ警部

Q 0275
エルサルバドルの国花（国の花）はどれ？
①サボテンの花
②桜
③コーヒーの花
④柿の花

Q 0276
次の地域と、かつて栄えた文明を、それぞれつなげよう。
①メキシコ中央部
②メキシコ南東部やグアテマラ
③ペルー、チリ、ボリビア
Aアステカ文明
Bインカ文明
Cマヤ文明

Q 0277
1971年、カナダが世界で最初に始めた、異なる文化を持つ集団が対等な立場で扱われるべきだという政策を、なんという？
①異文化コミュニケーション
②多文化主義政策
③全体主義政策
④無政府主義政策

Q 0278
セントクリストファー・ネイビス連邦の国鳥（国の鳥）は、カッショクペリカンというが、そのペリカンらしからぬ特徴は？
①空中から飛び込んで、魚を捕える
②翼に爪がついている
③葉っぱを縫い合わせて巣をつくる

Q 0279
コスタリカの政治について、正しいのはどれ？
①国会議員に選ばれる、首相という役職がない
②国会議員は半分以上が再選となる
③大統領は任期4年で連続3回まで再選が可能

Q 0280
コスタリカと日本の似通う点はどれ？
①常設の軍隊を持たない
②お花見の習慣がある
③面積が、ほぼ同じである

Q 0281
アメリカには多くの民族が暮らしているが、そのうち約3分の2を占める民族はどれ?
① 先住民（ネイティブ・アメリカン）
② ヒスパニック系（メキシコ、キューバなど）
③ ヨーロッパ系　④ アフリカ系

Q 0282
カナダのシロクマやアザラシの観光に見られるように、自然をそのままの姿で体験する旅行をなんという?
① ナチュラルツーリズム
② エコツーリズム　③ エアツーリズム
④ ネイキッドツーリズム

Q 0283
カナダのオジブワ族による御守りで、輪の中に糸を蜘蛛の巣状に編みこみ、鳥の羽やビーズなどで装飾したものをなんという?
① スパイダーネット
② ドリームキャッチャー
③ ラブパウチ
④ マネーメイカー

Q 0284
アメリカの二大政党は?
① 民主党と共和党
② 自由党と社会党
③ 公民党と平和党

Q 0285
19世紀半ば、カリフォルニアには何万もの人が集まり、発展したが、その集まった理由は?
① 金を採掘するため（ゴールドラッシュ）
② 史上初の競馬場が出来たため
③ 温泉がわき出たため

Q 0286
カナダは1982年に主権国家となったが、独立が始まったのは何年?
① 1867年　② 1767年
③ 1192年　④ 1968年

Q 0287
カナダの元首（国王）は、だれ?
（2017年）
① プーチン　② ドナルド・トランプ
③ エリザベス2世
④ フランソワ・オランド

Q 0288
キューバを社会主義国家に変えた革命家であり、元首相は?
① ルードヴィッヒ
② カストロ
③ アイヒマン
④ エンゲルス

P36.37の答え　0257.②　0258.④　0259.③　0260.④　0261.②　0262.④（原作の小説も、ココ島をモデルに書かれている）　0263.②　0264.④　0265.③（リレーも含め、今まで8個のオリンピック金メダルに輝いている）　0266.③　0267.②（奴隷解放の父と呼ばれる）　0268.③（横に渡した棒の下を上体を仰向けにくぐって行くダンス）　0269.④（ナショナル・ホッケー・リーグ（National Hockey League ＝NHL）というプロリーグがある）　0270.③（カナダ生まれの作家、ルーシー・モード・モンゴメリの作品）　0271.②　0272.③

北アメリカ

Q 0289
現在のキューバについて、間違っているのはどれ？
①プロスポーツが盛んである
②医療、教育は、基本的に無料で受けられる
③食料や生活物資は、配給される
④政党は1つしかない

Q 0290
ドミニカ共和国で「サント・ドミンゴの植民都市」として世界遺産登録されている、サンタ・マリア・ラ・メノール大聖堂に遺骨が安置されているのはだれ？
②イソップ　②ヘレン・ケラー
③コロンブス　④ガガーリン

Q 0291
中米の国、ホンジュラスとエルサルバドルの間で、1969年7月に行われた戦争の名前をなんという？
①ゴルフ戦争　②サッカー戦争
③ハードル戦争　④クロール戦争

Q 0292
ハイチについて、間違っているのはどれ？
①アメリカ大陸では、アメリカの次に古く独立した国である
②識字率（読み書き出来る人口の割合）は、アメリカ大陸でトップである
③世界で最初に独立した黒人共和国である

Q 0293
ゾンビという概念が生まれるもととなった、ハイチで発展した民間信仰をなんという？
①ルーン魔術
②ブードゥー教
③ウィッチクラフト
④ネクロマンシー

Q 0294
イギリスの植民地だったバルバドスにはイギリスの有名な軍人、ネルソン提督の銅像があるが、どんな軍人だったか？
①死ぬまで体に戦争による傷がなかった
②戦争で片目と片手を失っても戦い続けた
③弓矢1つで、軍艦を沈没させたことがある

Q 0295
ニカラグアは、占領されていたスペインから独立する時、後のエルサルバドル、グアテマラ、ホンジュラス、コスタリカなどの国々と一緒に国を作った時期があった。その国々はなんという？
①太陽の国　②中央アメリカ連邦
③カリブ海王国

Q 0296
アメリカで最も高い山、マッキンリーで消息を絶った、日本の有名な冒険家はだれ？
①伊能忠敬　②植村直己
③白瀬矗

答えは次のページにあるよ

Q 0297
1983年から1989年までパナマを独裁した将軍の名は？
①ウメエガ将軍　②サケエガ将軍
③ノリエガ将軍　④メシエガ将軍

Q 0298
1863年、アメリカ・南北戦争の最大の決戦地となった場所の名は？
①ノックスビル　②ボルティモア
③ゲティスバーグ　④タウソン

Q 0299
アメリカで、ニクソン元大統領が辞任することとなった「ウォーターゲート事件」（1972〜74年）とは、どんな事件？
①選挙の結果を不正操作しようとした
②ビルに盗聴器をしかけようとした
③橋の買収のために、わいろを贈っていた

Q 0300
北アメリカで16〜19世紀に盛んだった貿易は次のどれ？
①木材　②金
③翡翠　④毛皮

Q 0301
初めて月に降り立ったアメリカの宇宙飛行士の名は？
①エドウィン・オルドリン
②マイケル・コリンズ
③ニール・アームストロング
④ジョン・ヤング

Q 0302
「アメリカ」という名は、もともとある人物からとられた。その人物の職業は？
①政治家　②宣教師
③探検家　④軍人

Q 0303
アメリカ領であるハワイは、もとは1つの国だった。では1810年、その「ハワイ王国」を建国した人物は？
①ルナリロ　②カメハメハ
③カラカウア　④リリウオカラニ

Q 0304
キューバ革命を成功させた、アルゼンチン生まれの革命家の名は？
①トーマス・ジェファーソン
②ジョン・タイラー
③チェ・ゲバラ
④マリゲーラ

P38.39の答え　0273.①―C、②―A、③―D、④―B　0274.④（フランス生まれである）　0275.③（国全体でコーヒーの栽培が盛んである。白くて良い香りがする）　0276.①―A、②―C、③―B　0277.②　0278.①（下のクチバシを網のようにして魚をとらえる）　0279.①　0280.①　0281.③　0282.②（エコツアーともいう。日本の小笠原諸島や屋久島へのツアーもある）　0283.②　0284.①　0285.①　0286.①　0287.③　0288.②（フィデル・カストロ。引退する2011年まで首相を務めた）

41

北アメリカ

北アメリカ 地域クイズ

Q 0305
アメリカの首都はどこ？
①ニューヨーク ②ワシントンD.C.
③ロセンゼルス ④ボストン

Q 0306
トリニダード・トバゴ共和国の国名は、主要な島であるトリニダード島とトバゴ島を合わせたものだが、このうち、トバゴ島の名前の由来となったものは？
①タバコ ②タバスコ
③トマト ④トタン板

Q 0307
カナダの首都はどこ？
①トロント ②バンクーバー
③オタワ ④モントリオール

Q 0308
「カナダ」とは、もともとどういう意味？
①村 ②国 ③大陸 ④地球

Q 0309
メキシコとアメリカ・テキサス州とを分ける国境線はなに？
①山脈 ②河川
③緯度 ④幹線道路

Q 0310
カナダとアメリカの国境線は、なにによって分けられている？
①山脈 ②川
③緯度 ④幹線道路

Q 0311
メキシコの国旗に書かれているもので、正しい組み合わせはどれ？
①トウモロコシと馬と雲
②サボテンとヘビとワシ
③星と人間と滝

Q 0312
メキシコを漢字で書いた場合、1文字だけではどう表す？
①洪 ②墨 ③特 ④牙

Q 0313
サンフランシスコにある、コンピューター関連産業の中心街をなんという？
① テクノポリス
② ソフトウェアパーク
③ ハイテクゾーン
④ シリコンバレー

Q 0314
グアテマラに実際にある村の名前は？
① ギンザ村　② ワシントン村
③ ハワイ村

Q 0315
カリブ海の島国、グレナダの国名の由来となったといわれる果物は？
① レモン　② ザクロ
③ アプリコット　④ イチジク

Q 0316
西インド諸島にあるセントクリストファー・ネイビスの大きさとして、最も近いものは？
① 岩手県盛岡市　② 長野県長野市
③ 岐阜県岐阜市　④ 高知県高知市

Q 0317
カリブ海に浮かぶ島国アンティグア・バーブーダは、漢字表記ではどう書く？
① 安提瓜　② 暗天具　③ 亜点馬

Q 0318
「ドミニカ共和国」と「ドミニカ国」は一般的に漢字表記ではどう書く？
①「度見荷下共和国」と「努実煮科国」
②「土弥尼加共和国」と「ドミニカ国」
③「ドミニカ共和国」と「努実煮科国」

Q 0319
「ドミニカ国」と「ドミニカ共和国」の違いについて、最も正しいと思われるものはどれ？
① ドミニカ共和国は共和制だが、ドミニカ国は民主制である
② ドミニカ共和国は太平洋側にあるが、ドミニカ国はカリブ海側である
③ ドミニカ共和国は大きな島の一部だが、ドミニカ国は島一島である

Q 0320
アメリカの国旗の星の数は５０個あるが、なにを意味する？

P40.41の答え　0289.①　0290.③　0291.②（両国の国境問題が戦争の原因だが、直前にサッカーの中南米予選で両国が険悪になっていたことから、この名前がある）　0292.②　0293.②　0294.②　0295.②　0296.②（北極点に人類で初めて単独で辿り着いたことで知られる。国民栄誉賞も受賞している）　0297.③　0298.③　0299.②（そのビルの名前が、ウォーターゲート・ビル。この件がばれ、大統領の辞任につながった）　0300.④　0301.③（１９６９年、アポロ１１号で降り立った）　0302.③　0303.②　0304.③（１９６０年代より、若者たちの熱狂的な支持を受けた）

北アメリカ

Q 0321
ジャマイカの首都はキングストンというが、同じく中米の国、セントビンセント・グレナディーンの首都は、なんという?
①キングスプレイス
②キングスチャーチ
③キングスタウン

Q 0322
トリニダード・トバゴの首都の名前は、下記のカッコに、ある国の名前が入る。その国の名前は?
「ポートオブ（　　　）」

Q 0323
パナマ運河には、「閘門」というものが存在するが、どんなもの?
①船を濡らさずに、海の底にもぐらせるための装置
②船を上下させるための装置
③海水を泡状に変える装置

Q 0324
カナダや南極に吹く、吹雪をともなった非常に冷たい強風をなんという?
①スノーメイル　②サザンウィンド
③マリンスノー　④ブリザード

Q 0325
沢山の島々からなる、中米のバハマについて、数字的に最も正しいのはどれ?
①約100の島があるが、人が住んでるのはそのうち15島ほどである
②約300の島があるが、人が住んでるのはそのうち50島ほどである
③約700の島があるが、人が住んでるのはそのうち30島ほどである

Q 0326
キューバやインドシナ半島に見られる、鉄やアルミニウムを多量に含む赤色の土をなんという?
①ローム　②テラロッサ
③ラテライト　④チェルノーゼム

Q 0327
カナダの国土のうち、森林が占める面積は、どのくらい?
①日本の本州の大きさ
②日本全土の大きさ
③日本の5倍の大きさ
④日本の10倍以上

Q 0328
中米の国、ベリーズの交通機関について、正しいものはどれ?
①鉄道は以前あったが、全て廃線になった
②国際空港がない
③タクシーがない

答えは次のページにあるよ

Q 0329
次の国々を、面積の大きな順に並べよう。
①カナダ ②アメリカ ③中国

Q 0330
以下の環境問題のうちメキシコで最も問題になっているものはどれ?
①森林の減少 ②砂漠化
③海洋汚染 ④大気汚染

Q 0331
コスタリカの場所として、正しいものはどれ?
①北アメリカ大陸の一番下(南)の国である
②北アメリカ大陸の、下(南)から2番目の国である
③メキシコと南で接する国である

Q 0332
以下のうち、アメリカでの生産量が、世界一でないものはどれ?
①小麦 ②とうもろこし
③牛肉 ④大豆

Q 0333
キューバもその被害を受けることがある、太平洋上に発生する台風を、特になんという?
①ハリケーン ②ストーム
③トルネード

Q 0334
グアテマラから日本にも輸出されている、お馴染みの調味料は?
①しょう油 ②ゴマ
③コショウ ④ケチャップ

Q 0335
キューバの国の大きさとして、近いものはどれ?
①日本の5倍 ②日本と同じ
③日本の本州 ④本州の半分

Q 0336
キューバは多数の島で成り立つ国だが、一番大きなキューバ本島の次に大きな島の名前は、なんという?
①副島 ②友人の島
③青年の島 ④母親の島

P42.43の答え 0305.②(初代大統領ジョージ・ワシントンにちなむ) 0306.①(島の先住民が吸っていたタバコから) 0307.③ 0308.① 0309.②(リオ・グランデ川である) 0310.③ 0311.②(ヘビをくわえたワシがサボテンにとまっている絵であり、神話で、そのような場所が首都になるだろうと予言されたため) 0312.② 0313.④ 0314.③ 0315.② 0316.④(西半球で一番小さな国である) 0317.① 0318.② 0319.③(しかし、ドミニカ共和国の方が、ドミニカ国より、約65倍ほど広い) 0320.アメリカの州の数

北アメリカ

Q 0337
パナマ運河を通過できる船の最大のサイズはパナマックスサイズといわれているが、その横幅は？
①32m ②101m
③152m ④200m

Q 0338
パナマ運河は、どの海とどの海をつなぐか？ 以下から2つを選ぼう。
①太平洋 ②大西洋
③インド洋 ④カリブ海

Q 0339
アメリカにある、穀物を扱う大きな会社群を総称してなんという？
①穀物キングス ②穀物メジャー
③穀物ジャイアンツ ④穀物スターズ

Q 0340
ジャマイカのある山脈で採れるコーヒーは世界最高級品の1つといわれるが、豆の名前にもなっている、その山脈の名は？
①ブルーマウンテン
②コナ
③マンデリン
④エメラルドマウンテン

Q 0341
中米の国、セントビンセント・グレナディーンの名産とされるスポーツ用具はなに？
①野球グローブ ②サッカーボール
③テニスラケット ④ゴルフクラブ

Q 0342
アメリカにおいて1970年代以降、工業が発達した、北緯37度より南を指す一大工業地域をなんという？
①バイブルベルト ②サンベルト
③コーンベルト ④スノーベルト

Q 0343
アメリカの有名企業に多い、「多国籍企業」とはどんな企業？
①さまざまな国の言葉を社内で認めている企業
②さまざまな人種が働けるように環境を整えている企業
③さまざまな国に活動の拠点を置く、世界的な企業

Q 0344
カリブ海に浮かぶ島国アンティグア・バーブーダで、有名な産業はなに？
①ボーリングの玉の製造
②インターネットでつながるカジノ
③竹細工 ④警察犬の飼育

46

答えは次のページにあるよ

Q 0345
コスタリカの国内電力で、約4分の3以上を占めるのは？
①火力発電　②地熱発電
③水力発電　④風力発電

Q 0346
トリニダード・トバゴのピッチ湖というところには、世界最大規模の鉱脈があるが、それはなに？
①アスファルト　②銀
③トルマリン　④オリハルコン

Q 0347
ニカラグアやメキシコ等、中米の国の輸出品に多い、ある製品を輸出する場合、それを製造する際に用いた原材料・部品、機械などを無関税で輸入できる措置をなんという？
①フラットタックス　②マキラドーラ
③ラムゼイルール

Q 0348
日本の技術を活かして、ハイチで本格的に開発された、ある果物の皮を使った紙をなんという？
①アップル・ペーパー
②オレンジ・ペーパー
③グレープ・ペーパー
④バナナ・ペーパー

Q 0349
パナマの主要産業は、パナマ運河運営や中継貿易などであるが、それらは第何次産業という？

Q 0350
バハマのGDP（国内総生産）は、北及び南アメリカ大陸の中で何番目？（2016年）
①3番目　②23番目　③33番目

Q 0351
中米の国、ベリーズにおいてそのハンバーガーがあるほど、漁獲がさかんなものは？
①ニシン
②カニ
③ウニ
④ロブスター

Q 0352
カナダのイエローナイフという地域は、ある資源により、世界的に有名である。その資源とは？
①亜鉛　②タングステン
③トルコ石　④ダイヤモンド

P44.45の答え　0321.③　0322.スペイン（同国が以前スペインの植民地だったことに起因する。「スペインの港」という意味）　0323.②（運河に高低差があるので水位を調節している）　0324.④　0325.③（中心となるのが、バハマの首都のナッソーがあるニュー・プロビデンス島）　0326.③　0327.④　0328.①　0329.①→③→②　0330.④　0331.②（北にニカラグア、南にパナマと国境を接している）　0332.①　0333.①（日本の台風のように数字で呼ばず、人の名前がつくことも特徴である）　0334.②　0335.④　0336.③（児童文学『宝島』のモデルにもなった島である）

47

南アメリカ

南アメリカの世界初・世界一・世界遺産

SOUTH AMERICA

Q 0353
アルゼンチンとブラジルにまたがる、世界最大の滝の名前はなに？
①エンジェル・フォール
②ナイアガラの滝
③ヴィクトリアの滝
④イグアスの滝

Q 0354
次のうち、アルゼンチンが世界初となったのは？
①女性のエベレスト登頂者
②女性大統領
③南極を徒歩で横断した人
④100mを9秒台で走った人

Q 0355
南米で、南緯40度より南の地域をパタゴニアというが、ここで見つかったものは？
①世界最大の恐竜の化石
②世界最古の人類の化石
③世界最古の隕石落下跡

Q 0356
アルゼンチンのサンタ・クルス州にある世界遺産、クエバ・デ・ラス・マノスという洞窟の壁面に、大量に残されているものとは？
①人の手形　②人の足形
③蝶の化石跡　④トンボの化石跡

Q 0357
ペルーにある世界遺産はどれ？
①ストーン・サークル群
②ピサの斜塔
③イエズス会の伝道師教会群
④ナスカの地上絵

Q 0358
ベネズエラのカナイマ国立公園内にある、世界遺産にも登録された滝「エンジェル・フォール」の特徴は？
①世界一、横幅がある滝
②世界一、落差がある滝
③世界一、細い滝

Q 0359
ベネズエラの世界遺産は？
①カラカスの教会群
②カラカスの古城群
③カラカスの大学都市

Q 0360
標高2400mにある、世界遺産として有名なペルーの都市遺跡はなに？
①モヘンジョ・ダロ
②マチュピチュ
③アブ・シンベル
④ペトラ

答えは次のページにあるよ

Q 0361
ボリビアの首都ラパスの特徴は？
①世界一森林が多い首都
②世界一生息する昆虫の種類が多い首都
③世界一標高が高いところにある首都
④世界一古くから上下水道が整っていた首都

Q 0365
世界遺産でもあるガラパゴス諸島は、どこの国の領土？
①ブラジル
②ペルー
③チリ
④エクアドル

Q 0362
エクアドルにある山「チンボラソ」は、どんな山？
①裾野からの高さが世界一高い山
②地球の中心からみて世界一高い山
③世界一体積の大きい山

Q 0366
アルゼンチンやウルグアイを流れるラプラタ川は、「世界一幅の広い川」として知られるが、その幅は？
①約42km　②約129km
③約164km　④約275km

Q 0363
サッカーのワールドカップの第1回大会が行われた国はどこ？
①ブラジル
②アルゼンチン
③ペルー
④ウルグアイ

Q 0367
世界遺産に登録されたボリビアのポトシ市は、どんな都市？
①人が住む、世界一標高が高い町
②現存する建造物が、世界一古い町
③淡水クラゲの種類が世界一多い湖をもつ町

Q 0364
チリとアルゼンチンにまたがる山「ユヤイヤコ」は、どんな山？
①世界一高い活火山（活動している火山）
②世界一低い山
③世界一遭難事故が多い山

Q 0368
ウルグアイの世界遺産コロニア・デル・サクラメントは、どんな街？
①南米に現存する街で一番古い
②スペインとポルトガルの建築物が混在している
③かつては多くの金が採れた場所

P46.47の答え　0337.①　0338.①④（1914年開通。1999年、アメリカからパナマに返還された）　0339.②　0340.①（標高800m〜11200mあたりで採れる）　0341.③　0342.①　0343.②（日本の自動車メーカーや電機メーカーにも多い）　0344.②　0345.①（環境に優しい国である）　0346.①　0347.②（その製品のことを、マキラ製品という）　0348.④　0349.第3次産業　0350.②（全世界では136番目）　0351.④（毎年数百トン以上の水揚げがある）　0352.④（有名宝石店のティファニーも利用している）

南アメリカ

南アメリカ くらしクイズ

Q 0369
ベネズエラで、溶かして飲む習慣があるものは？
①水あめ ②チーズ ③チョコレート

Q 0370
ブラジルで、「飲むサラダ」ともいわれる栄養豊富なお茶の名前は？
①ジャスミン茶
②マテ茶
③青茶
④プアール茶

Q 0371
エクアドルのチャルガヤッコ村で、日本の技術協力により生まれた食べ物は？
①あんぱん ②シーチキン
③絹ごし豆腐 ④金平糖

Q 0372
チリ南部の食事事情について正しいのは？
①朝食と昼食の間におやつの時間がある
②夕方に軽食の時間がある
③朝食をとらない
④昼食をとらない

Q 0373
コロンビアやベネズエラで食べられる薄焼きパン「アレパ」の原料は？
①サトウキビ ②トウモロコシ
③ジャガイモ ④米

Q 0374
コロンビアのコーヒー生産量は世界何位？（2016年）
①1位 ②2位 ③3位 ④4位

Q 0375
エクアドルには、トウモロコシの食べ方（料理）が、おおよそ何種類ある？
①約80種類 ②約120種類
③約170種類 ④約220種類

Q 0376
ウルグアイが世界一のものはどれ？（2016年）
①1人当たりの牛乳消費量
②1人当たりのトウモロコシ消費量
③1人当たりの牛肉消費量

答えは次のページにあるよ

Q 0377
ブラジルの定番料理「フェイジョアーダ」は、主になにと豚肉を煮込んだもの?
①チーズ
②豆
③とうもろこし
④バナナ

Q 0378
アンデス山脈にある家々の特徴として正しいものはどれ?
①窓が小さい
②ほぼ全て、木造建築である
③テントで生活し、季節によって、移動をする

Q 0379
パラグアイの手編みのレース、「ニャンドゥティ」のもともとの意味は?
①じゅうたん　②クモの巣
③魚を獲る網　④網戸

Q 0380
アルゼンチンの公立小学校での衣装は?
①生徒も先生もブレザー
②生徒も先生も白衣
③生徒は私服だが、先生はスーツ

Q 0381
ボリビアのボールのようなパン「クニャペ」の原料は?
①豆とネギ　②イモとチーズ
③サトウキビとそば粉

Q 0382
アルゼンチンに実際にはない祝日はどれ?
①真実と正義を記念する国家記念日
②ミネラルウォーター記念日
③文化の多様性を尊重する日

Q 0383
アルゼンチンの学校も3学期制だが、始業式は何月で、終業式は何月?

Q 0384
ブラジルにおけるコーヒーについて、間違っているのは?(2015年)
①生産量が世界一である
②消費量も世界一である
③インスタントコーヒーの輸出量でも世界一である
④コーヒー豆の輸出量でも世界一である

P48,49の答え　0353.④(世界遺産にも登録されている)　0354.②　0355.①　0356.①　0357.④(ハチドリやサルなどの絵が有名)　0358.②　0359.③　0360.②(その高さより、「空中都市」と呼ばれる)　0361.③　0362.②　0363.④(1930年。なお、優勝したのもウルグアイであった)　0364.①(チリは火山が2000以上もあり、そのうち約50が活火山である)　0365.④　0366.②(河口付近の幅である。東京から名古屋までの距離よりも長い)　0367.①(標高約4000m。ここにある銀山や建造物が世界遺産登録された)　0368.②

51

南アメリカ

Q 0385
コスタリカの定番料理、「ガジョ・ピント」は、黒いんげん豆の入ったごはんを、なにで炒めたもの？
① バター
② ココナツミルク
③ ケチャップ
④ サルサ・ソース

Q 0386
アルゼンチンの首都ブエノスアイレスにある、サン・マルティン広場から約1kmの歩行者天国をなんという？
① タンゴ通り　② スペイン通り
③ ポルトガル通り　④ フロリダ通り

Q 0387
アルゼンチンの首都ブエノスアイレスにある「7月9日通り」は、「世界で最も幅の広い通り」といわれているが、何車線ある？
① 2車線　② 5車線
③ 10車線　④ 16車線

Q 0388
ガイアナの祝日の特徴は？
① クリスマスという習慣がない
②「体育の日」が1年に3回ある
③ キリスト教、イスラム教、ヒンドゥー教の3つの宗教の祝日がある

Q 0389
コロンビアの小学校（初等教育）の期間は何年？
① 4年　② 5年
③ 6年　④ 7年

Q 0390
コロンビアの学校の始業式から終業式の時期は？
① 4月から翌年3月
② 3月から12月
③ 9月から翌年6月
④ 1月から12月

Q 0391
アルゼンチンを始めとした南米で食べられている、牛肉をそのまま焼く料理は？
① ビフテキ
② ビーフパット
③ アサード
④ ミートローフ

Q 0392
スリナムの義務教育の期間は？
① 小学校の6年間
② 小中学校の9年間
③ 小中高校の12年間
④ なし

答えは次のページにあるよ

Q 0393
エクアドルの首都キトからグアヤキルに向かう登山鉄道が通る、線路の勾配が急な山の名前は？
①天使のピラミッド ②悪魔の鼻
③雲の頭巾

Q 0394
チリの小学校（初等教育）の期間は何年？
①4年 ②6年
③7年 ④8年

Q 0395
チリのチロエ島にあるカリストの有名な建造物は？
①水上に建てられた家々
②天井が取り外せる家
③洞窟住居

Q 0396
ベネズエラについて、正しいのは？
①お酒は20歳以上になってから飲める
②タバコの年齢制限は特にない
③義務教育は6年である

Q 0397
ペルーの学校の始業式から終業式の時期は？
①1月から12月 ②3月から12月
③4月から翌年3月
④10月から翌年9月

Q 0398
ペルーのチチカカ湖には、人が生活する上で、トトラという草がさまざまに使われている。その用途として間違っているのはなに？
①家をつくる
②湖の中に浮島をつくる
③衣装をつくる
④舟をつくる

Q 0399
アルゼンチンの義務教育は、何歳から何歳まで？
①7歳から12歳 ②6歳から15歳
③5歳から17歳

Q 0400
アルゼンチンなどで食べられる、「エンパナーダス」というパイの中身は？
①牛肉
②豆腐
③リンゴ
④さつまいも

P50.51の答え　0369.③　0370.②（食物繊維が豊富である）　0371.①　0372.②（「オンセ」という。パンやケーキなどを食べる）　0373.②　0374.③　0375.④（トウモロコシの粉で作ったフライやオムレツなどもある）　0376.③　0377.②（豚肉の代わりに、牛肉を使う場合もある）　0378.①（高地にあり寒いので、中の熱を逃がさないようにするため）　0379.②　0380.②（私服の上に羽織る。みな平等という意味を表す）　0381.②　0382.②　0383.3月と12月（学年が終わると約3か月の長い休みがある）　0384.②（消費量1位は、EU 28か国）

南アメリカ

Q 0401
ブラジルで使われている公用語は、次のうちどれ？
①英語　②スペイン語
③イタリア語　④ポルトガル語

Q 0402
スペイン語を公用語とする国はどれ？
（複数回答可）
①アルゼンチン　②チリ
③コロンビア　④ペルー

Q 0403
チリやペルーなどの中南米で使われる、四角形の布の真ん中に首を通して着用する衣類をなんという？
①カットソー
②ペチコート
③ポンチョ
④アノラック

Q 0404
南米で唯一、英語が公用語である国は？
①コロンビア　②ガイアナ
③パラグアイ　④スリナム

Q 0405
元の国名を「オランダ領ギアナ」といい、南米で唯一、オランダ語が公用語の国は？
①ボリビア　②スリナム
③コロンビア　④ベネズエラ

Q 0406
チリの1000、2000、5000ペソ紙幣に見られる特徴は？
①形が三角である
②プラスチック製である
③日本語が入っている

Q 0407
南米の農民やカウボーイが用いる、つばの広い帽子のことを、特にスペイン語でなんという？
①ポンチョ　②ソンブレロ
③ティアラ　④ケテル

Q 0408
パラグアイについて、間違っているのは？
①義務教育期間は9年間ある
②公用語の名前が、通貨の単位にもなっている
③国歌は1番しかない

答えは次のページにあるよ

Q 0409
ブラジルの通貨単位は？
①ブラジル・ペソ
②ブラジル・ドル
③レアル
④コルドバ

Q 0410
ウルグアイ産のものが有名な、2月の誕生石は？
①ルビー　②アメジスト
③オパール　④ガーネット

Q 0411
日本との時差がちょうど半日（12時間）の国は、以下のどれ？
（複数回答可）
①チリ　②ペルー
③ウルグアイ　④アルゼンチン

Q 0412
ベネズエラと日本との時差は？
①12時間、日本が早い
②13時間、日本が早い
③13時間30分、日本が早い

Q 0413
ボリビアの通貨単位は？
①ボリビア・ドル　②ボリビア・ペソ
③ボリビアーノ

Q 0414
ボリビアで外国人旅行者が提示を求められることがある、「熱病予防接種証明書」の通称は？
①シックカード　②ホットカード
③イエローカード　④ワクチンカード

Q 0415
ボリビアの電話番号について正しいのは？
①警察は119番、消防は110番
②警察は110番、消防は119番
③警察は117番、救急は177番
④警察は111番、救急は000番

Q 0416
アルゼンチンの港町、ボカ地区の家々が、カラフルな理由は？
①鳥の襲撃を防ぐため
②船からも目立つように
③貧しかったので、ありあわせのペンキを塗った

P52.53の答え　0385.④（現地では「サルサ・リサーノ」といい代表的な調味料である）　0386.④　0387.④（なお、7月9日はアルゼンチンの独立記念日）　0388.③　0389.①（中学校が4年と、日本より1年多い）　0390.④　0391.③　0392.①　0393.②（英語でデビルズ・ノーズという。勾配が急なため、スリル満点の乗車体験ができる）　0394.④（中学校は4年である）　0395.①　0396.②（お酒は18歳から。義務教育は9年である）　0397.③　0398.③　0399.③　0400.①（いわゆるミートパイである）

55

南アメリカ

南アメリカ 文化クイズ

Q 0417
ブラジルに見られる、足を主に使う格闘技をなんという？
①サンボ　②カポエイラ
③躰道　④ナクババカ

Q 0418
ブラジルの代表的音楽である、4分の2拍子のダンス音楽をなんという？
①ジャズ　②カリプソ
③サンバ　④クエッカ

Q 0419
次のうち、アルゼンチン生まれのサッカー選手は？
①ディエゴ・マラドーナ
②ペレ
③ジネディーヌ・ジダン
④ロベルト・バッジョ

Q 0420
近年、日本に入って来て、その生態系を脅かしているアルゼンチンの昆虫は？
①アルゼンチンカブトムシ
②アルゼンチンバッタ
③アルゼンチンアリ
④アルゼンチンゼミ

Q 0421
パラグアイなどの南米にいる、泳ぎの上手いネコ科の動物は？
①豹　②チーター
③スナドリネコ　④オセロット

Q 0422
次のうち、ブラジル出身でないのは？
①セルジオ越後
②ジーコ
③アイルトン・セナ
④ミハエル・シューマッハ

Q 0423
映画にもなった大統領夫人、「エビータ」は、どこの国の女性？
①ブラジル
②アルゼンチン
③コロンビア

Q 0424
南米や中米に見られる「カホン」とはどんな打楽器？
①2つの太鼓を並べたもの
②亀の甲羅で作った太鼓
③上に座って叩く、木の箱

答えは次のページにあるよ

Q 0425
南米の楽器について、間違っているのはどれ？
①バンドネオンは、ボタンを押して弾くアコーディオンだ
②マラカスは、一個でもマラカスという
③ハープは、南米ではアルパと呼ばれる

Q 0426
アルゼンチンで生まれた、ダンスにも用いられる4分の2拍子の情熱的な音楽をなんという？
①ランバダ
②タンゴ
③ワルツ
④ミロンガ

Q 0427
次のうち、サッカーのワールドカップに出たことのない国は？
①スリナム　②コロンビア
③エクアドル　④ボリビア

Q 0428
オリンピックのコロンビア選手団が、今まで最も多くのメダルを獲った競技は？
（複数回答可）
①レスリング　②重量挙げ
③ボクシング　④自転車

Q 0429
2016年に行われたブラジルでの夏季オリンピックについて、間違っているのは？
①南米で初めての夏季オリンピックである
②首都ブラジリアで行われた
③スペインのマドリードと、候補地を争った

Q 0430
オリンピックのペルー選手団が、今まで最も多くのメダルを獲った競技は？
①テニス　②乗馬
③射撃　④砲丸投げ

Q 0431
ガラパゴス諸島で「生物は環境に合わせて進化する」という進化論のアイデアを得た学者の名前は？
①アインシュタイン
②ダ・ビンチ
③ダーウィン
④パスツール

Q 0432
ブラジルの都市、サンパウロにある世界最大規模の日本人街にないものは？
①古墳　②鳥居
③太鼓橋　④日本庭園

P54.55の答え　0401.④　0402.全て（ほぼ16世紀から18世紀までがスペインの植民地時代であった）　0403.③　0404.②（イギリス連邦の一つである）　0405.②（1975年に独立し、国名も変更した）　0406.②　0407.②（山が高く、つばが広いところが一般的な特徴）　0408.③（国歌は7番まである）　0409.③（1アメリカドル＝約3.3レアルである）　0410.②　0411.②と④（日本のほぼ真裏）　0412.③　0413.③　0414.③（ボリビアの特定地域に入るには、この病気の予防接種が必要である）　0415.②（日本と同じであるが、救急は118番）　0416.③

57

南アメリカ

Q 0433
地主が契約者に複数年契約で耕作をうけおわせる、ブラジルの農園制度のことをなんという？
①プランテーション　②ファゼンダ
③エスタンシア　④テナント

Q 0434
アンデス山脈で、家畜として飼われることの多い動物は？
①犬　②馬
③アルパカ　④イノシシ

Q 0435
ペルーの長い笛「クラリン」の音を出す部分はなにで出来ている？
①ヒョウタン
②メロンをくりぬいたもの
③タケノコの葉っぱ　④紙

Q 0436
アルゼンチンでは、選挙権年齢が2013年より改正されて、有権者の数が約130万人増えた。何歳から何歳になった？
①23歳から19歳に改正
②20歳から18歳に改正
③18歳から16歳に改正

Q 0437
2007年より、エクアドルの公共機関での開催が禁じられたイベントは？
①バレンタイン・デー
②イースター
③ハロウィン　④クリスマス

Q 0438
ペルー犬の特徴は次のうち、どれ？
①脚が短い
②尻尾がない
③体毛がない
④首が長い

Q 0439
コロンビアの都市の名前がそのままついた「カルタヘナ法」の内容は？
①飛行機の騒音の防止
②遺伝子組換え生物の悪影響の防止
③海水から真水を作る時の制限について

Q 0440
ウルグアイの教育について、正しいのは？
①公立校と私立の学費がほぼ変わらない
②小学校、中学校、高校の在学期間は、それぞれ4年ずつである
③大学に、入学試験がない

答えは次のページにあるよ

Q 0441
アルゼンチンの国会議事堂近くには、どんな銅像が建っている？
①ナポレオン像
②ガリレオ・ガリレイ像
③ロダンの「考える人」
④オーケストラ楽団員

Q 0442
日本から払い下げられた地下鉄の車両が走っている国は？
①ブラジル　②チリ　③アルゼンチン

Q 0443
南米の植物で作られた、たて笛「ケーナ」について正しいのは？
①短いほど低い音が出る
②長いほど低い音が出る
③細いほど低い音が出る
④太いほど低い音が出る

Q 0444
アルゼンチンで、女性を盛大にお祝いする習慣があるのは、何歳の時？
①2歳　②9歳
③15歳　④22歳

Q 0445
アルゼンチンの大統領官邸の正面は、何色に塗られている？
①黒　②赤
③青　④ピンク

Q 0446
チリ、エクアドル、コロンビアに共通の国鳥は？
①タカ　②ワシ
③コンドル　④ハヤブサ

Q 0447
ガイアナ国内で発行されたものは？
①世界一額の低い紙幣
②世界に1枚しか残っていない切手
③世界最大のレコード

Q 0448
『百年の孤独』という作品が有名なノーベル文学賞受賞者、ガルシア＝マルケスは、どこの国の出身？
①ブラジル
②ガイアナ
③コロンビア
④ベネズエラ

P56.57の答え　0417.②（手錠をした奴隷たちが編み出したという説がある）　0418.③　0419.①（アルゼンチンは、南米ではブラジルと並ぶサッカー大国である）　0420.③　0421.④　0422.④（ドイツ人である）　0423.②（ファン・ペロン大統領夫人、エバ・ペロンの愛称である）　0424.③　0425.②（一個だとマラカ、マラカスは複数形である）　0426.②　0427.①　0428.②④　0429.②（リオデジャネイロで行われた）　0430.③　0431.③（『種の起源』『ビーグル号航海記』などの著作がある）　0432.①（日本人街は同都市のリベルダージという地区にある）

59

南アメリカ

Q 0449
スリナムが今まで獲得した夏季オリンピックでのメダルの数は？（2016年）
①0個
②2個
③18個
④32個

Q 0450
ウルグアイでも発行されている、日本の投資家を対象にして海外の政府や民間企業が円建てで発行する債券のことを、なんという？
①サクラ債　②フジ債
③サムライ債　④マイコ債

Q 0451
コロンビアのラスラハス教会が建てられている、変わった場所とは？
①砂漠の真ん中　②ジャングルの中
③石橋の上　④高速道路の下

Q 0452
スリナムの自動車事情について正しいのは？
①日本と同じ左側通行だが、左ハンドルの車が多い
②日本と逆の右側通行だが、右ハンドルの車が多い
③日本と同じ左側通行で、車も日本と同じ、右ハンドルである

Q 0453
ブラジルなどの熱帯地域で見られる、林や野原を焼き払ってから作物を栽培する方法をなんという？

Q 0454
映画「イル・ポスティーノ」のモデルにもなったノーベル文学賞受賞の詩人、パウロ・ネルーダはどこの国出身？
①ブラジル
②アルゼンチン
③ペルー
④チリ

Q 0455
ベネズエラやブラジルの先住民「ヤノマミ族」について正しいのは？
①衣類をほとんど着ていない
②家は布で出来ている
③「ヤノマミ」とは、「山に住む人」の意味である

Q 0456
ボリビアの民族構成として正しいのは？
①日本人が1割いる
②約半分以上が先住民
③ヨーロッパ系が8割を占める

答えは次のページにあるよ

Q 0457
チリにそのままの状態で持ち込んではいけないものは？
①トランプ ②携帯電話
③オレンジ ④キャンデー

Q 0458
第二次世界大戦後の1946年、アルゼンチン大統領に就任した人物の名は？
①ガム ②ショコラ
③ペロン ④ドリンク

Q 0459
"南米三大祭り"の一つで、毎年6月の冬至の日にペルーの世界遺産クスコで行われる祭りの名前は？
①マルシア ②インティライミ
③マングローブ

Q 0460
パラグアイに実際にあるものは？
①ブラジル塔
②アルゼンチン植物園
③ペルー水族館 ④ウルグアイ広場

Q 0461
ガイアナで、約45％を占める民族は？
①アフリカ系 ②先住民系
③イギリス系 ④インド系

Q 0462
ブラジル最大の祭典といわれる「リオのカーニバル」が行われるのは、毎年、いつ頃のこと？
①2月から3月
②5月から6月
③7月から8月

Q 0463
スリナムの国花は？
①パンジー ②コスモス
③桃の花 ④バナナの花

Q 0464
南米のパタゴニア地域でも行われたことのある過酷なレース、「キャメルトロフィー」について、間違っているのは？
①世界の秘境を自動車で走破するレースである
②その日に与えられるタスクという課題をクリアしながら進む
③各国3人一組の代表が参加する
④賞金は約100万ドル

P58.59の答え　0433.②（アルゼンチンでの同様の制度を、エスタンシアという）　0434.③（寒さに強く、4000mの高地でも放牧出来る。リャマも多い）　0435.①　0436.②　0437.③（コレア大統領自らが禁止の声明を出した）　0438.③　0439.②（1999年、このための会議がカルタヘナで行われたことからその名がついた）　0440.③　0441.③（数十体あるうちの一つである）　0442.③　0443.②　0444.③（女性は15歳が慣習上の成人。男性は18歳）　0445.④　0446.③（アンデスコンドルともいう）　0447.②（2014年に約10億円で落札された）　0448.③（1982年に受賞した）

61

南アメリカ

南アメリカ 地域クイズ

Q 0465
ブラジルの首都について、間違っているのは?
① リオデジャネイロである
② 世界遺産登録されている
③ 標高1000m以上の場所にある

Q 0466
ウルグアイの元大統領ホセ・ムヒカの異名は?
①「世界一過激な大統領」
②「世界一ハンサムな大統領」
③「世界一貧乏な大統領」

Q 0467
「ガイアナ」の、もともとの意味は?
① 希望の国　② 岩と砂の土地
③ 水の多い土地　④ 灼熱の土地

Q 0468
アルゼンチンの首都「ブエノスアイレス」はどういう意味?
① 善良な人々　② 良い空気
③ 平和な土地

Q 0469
「アルゼンチン」とはラテン語で、なにを意味する?
① 宝石の国　② 金の国
③ 銀の国　④ 光の国

Q 0470
ブラジル最大の都市サンパウロについて、正しいのはどれ?
① 標高1500m以上の場所にある
② 南半球で最大の人口を持つ都市である
③ 漢字で書くと「三聖市」である

Q 0471
赤、青、白で成り立つチリの国旗の白い部分は、なにを意味する?
① 自由
② 純真
③ 白人
④ 雪

Q 0472
チリを漢字で書くと?
① 地利　② 千李　③ 智利　④ 知里

答えは次のページにあるよ

Q 0473
ブラジル国内を主に流れる世界最大の川、アマゾン川流域の面積に、最も近いのは次のうちどれ？
①エジプトの面積
②イギリスの面積
③オーストラリアの面積
④日本の本州の面積

Q 0474
「エクアドル」の、もともとの意味は？
①母 ②夏 ③風 ④赤道

Q 0475
ガイアナの元の国名は？
①イギリス領ガイア
②イギリス領ガーナ
③イギリス領ギアナ

Q 0476
パラグアイの国旗の特徴は？
①青一色である
②長方形の隅が、若干丸くなっている
③表と裏でデザインが違う

Q 0477
ブラジルの面積は、日本の約何倍？
①約8倍 ②約14倍
③約22倍 ④約44倍

Q 0478
ベネズエラの国名の由来は？
①イタリア語で、「小さなベネツィア」
②現地語で、「資源の国」
③スペイン語で、「砂浜」

Q 0479
次のうち、メキシコが生産量世界一を誇るものはなに？（2014年）
①亜鉛 ②銀
③宝石用ダイヤモンド
④マグネシウム

Q 0480
富士山（標高3776m）より高い、標高約3800mにある、ペルーの湖は？
①チチカカ湖 ②チャド湖
③エーア湖 ④イシク湖

P60.61の答え 0449.②（競泳選手アンソニー・ネスティが、金と銅を一つずつもらっている） 0450.③（サムライボンドとも呼ぶ） 0451.③ 0452.①（イギリス領時代とオランダ領時代それぞれの影響が残っている） 0453.焼畑農業 0454.④（チリの国民的詩人といわれる） 0455.① 0456.② 0457.③（動植物の持ち込みが禁止で、包装されていなければ種子とみなされる） 0458.③ 0459.②（太陽の神に感謝する祭） 0460.④ 0461.④ 0462.①（キリストの「復活祭」（4月）に入る約1か月半〜2か月前を目安とする） 0463.④ 0464.⑥（賞金はない）

63

南アメリカ

Q 0481
ボリビアの首都について正しいのは？
①事実上の首都と憲法上の首都と、2つある
②パラグアイと国境を接している
③4年毎の移動性である
④ない

Q 0482
ペルーを漢字で書くと？
①経流　②辺留　③秘露　④部竜

Q 0483
アンデス山脈は、ベネズエラから始まり、コロンビア、エクアドル、ペルー、ボリビア、アルゼンチン、チリの7か国にまたがる世界最長の山脈だが、その距離は？
①約2500km
②約4000km
③約5000km
④約7500km

Q 0484
アルゼンチンに分布する草原の名前は？
①プレーリー　②ステップ
③パンパ

Q 0485
アルゼンチンに実際にある都市は次のうちどれ？
①世界最高気温を記録した都市
②世界で最も南にある都市
③世界で最も強い風を記録した都市

Q 0486
南米12か国中、ペルーは面積では何番目の大きさ？
①1番目　②2番目
③3番目　④4番目

Q 0487
次のうち、その美しい街並みから、"南米のパリ"とも呼ばれるアルゼンチンの都市は？
①ラプラタ　②ロサリオ
③ブエノスアイレス　④コルドバ

Q 0488
非常に太い幹と大きく広がる枝が特長的な、ウルグアイの国樹は？
①ダッコ
②オンブー
③タカイタカイ
④リフト

答えは次のページにあるよ

Q 0489
南米で人口、面積、ともに最少の国は？
①エクアドル　②パラグアイ
③スリナム　④ボリビア

Q 0490
次のうち、チリで見られるものはどれ？
①氷河　②ピラミッド
③新幹線　④日本人街

Q 0491
次のうち、チリ領にあるものはどれ？
①アトランティス大陸
②ムー大陸
③（モアイ像のある）イースター島
④ゴルゴダの丘

Q 0492
チリ南部にある、円すい形で頂上に雪のかかっているオソルノ山の、通称は？
①かき氷山
②チリ富士
③天国への階段

Q 0493
チリのアタカマ砂漠はどんな砂漠？
①世界で最も雨が多い砂漠
②世界で最も乾燥する砂漠
③世界で最も砂が多い砂漠
④世界で最も寒い砂漠

Q 0494
ブラジルで開発が進むバイオ燃料とは、主にある植物から作られた自動車用燃料のことだが、その植物とは？
①ピーマン　②ネギ
③サトウキビ　④ショウガ

Q 0495
ボリビアの正式国名は？
①ボリビア合衆国　②ボリビア連邦
③ボリビア共和国
④ボリビア多民族国

Q 0496
アルゼンチンは日本の真裏にあるといわれるが、では、首都ブエノスアイレスの真裏は、日本でいうとどの辺り？
①北海道　②仙台　③京都　④沖縄

P62,63の答え　0465.①（現在の首都はブラジリア。リオデジャネイロは1960年まで首都であった）　0466.③　0467.③　0468.②（「Buenos Aires」。スペイン語である）　0469.③　0470.②　0471.④（アンデス山脈に積もる雪を意味する）　0472.②（国名の由来については、「地の果て」「寒い土地」などの説がある）　0473.③（約650万km²）　0474.④（スペイン語で「赤道」。国も赤道直下にある）　0475.②　0476.③（中央部にあるデザインが、表は国章、裏はライオンと帽子とリボン）　0477.③　0478.①　0479.②　0480 ①（湖面の6割はペルーに、4割はボリビアにある）

65

南アメリカ

Q 0497
ブラジルの南北、及び東西の最長距離は？
① 南北に約3300km、東西に約3450km
② 南北に約2900km、東西に約1100km
③ 南北に約4350km、東西に約4330km

Q 0498
アルゼンチンは、中国の「対蹠地」といわれるが、この「対蹠地」とは、一体どんな場所のこと？
① 領土の一部を共有する地域
② 国土の形状が似ている場所
③ 180度、逆に位置する場所

Q 0499
チリにある気候は？（複数回答可）
① 砂漠気候　② 地中海性気候
③ 亜寒帯気候　④ ツンドラ気候

Q 0500
切花生産大国のコロンビアから、日本が最も多く輸入する花は？
① アサガオ
② カーネーション
③ チューリップ
④ キク

Q 0501
次のうち、チリが日本での輸入量が世界一を誇るものはなに？
① レモン
② ブドウ
③ チェリー
④ グレープフルーツ

Q 0502
パラグアイ中央を流れ、国を東部と西部に分ける川の名は？
① アマゾン川
② ラプラタ川
③ パラグアイ川

Q 0503
南米で、南回帰線（緯度23度26分）より南のある地域を「コーノ・スール」というが、ここに国土が全て入る国は？（複数回答可）
① アルゼンチン　② チリ
③ ウルグアイ　④ パラグアイ

Q 0504
パラグアイにある世界最大級のダム、「イタイプ・ダム」の堤防を含む全長は？
① 約1400m　② 約3500m
③ 約5500m　④ 約7750m

答えは次のページにあるよ

Q 0505
チリについて正しいのは？
①世界で最も細長い国である
②面積は日本とほぼ同じである
③人口は日本の半分である

Q 0506
アマゾン川が大潮の時に逆流して起こる津波を、なんという？
①クラカタウ　②ポロロッカ
③ジュグラー

Q 0507
ペルーが生産量世界一のものは？
①片栗粉　②パン粉
③ラー油　④魚粉

Q 0508
次のうち、アルゼンチンが生産量世界5位を誇るものは？
①牛肉
②チーズ
③しめじ
④ワイン

Q 0509
南米で石油の生産量が、最も多い国は？（2016年）
①コロンビア　②ベネズエラ
③ペルー　④ブラジル

Q 0510
次のうち、ブラジルが生産量世界一を誇るものはなに？（2016年）
①ピーマン　②キャベツ
③サトウキビ　④チーズ

Q 0511
ウルグアイの主要輸出品目である、「ラノリン」とはなに？
①魚介類の脂部分
②羊毛に付着した脂部分
③コーヒー豆から出る脂部分

Q 0512
次のうち、チリが生産量世界一を誇るものはなに？（2015年）
①金　②銅
③セメント　④水銀

P64.65 の答え　0481.①（事実上の首都はラパス。憲法上の首都はスクレ）　0482.③（漢字1字では、「秘」）　0483.④　0484.③　0485.②　0486.③（ブラジル→アルゼンチン→ペルーである）　0487.③（首都でもある）　0488.②（実際は草の仲間である）　0489.③　0490.①（パタゴニア氷河が有名だが、最近、溶け方が激しく、温暖化の影響が指摘されている）　0491.②　0492.②　0493.②（海岸沿いの山々によって、湿った空気が遮断されるため）　0494.③　0495.④（2009年に「ボリビア共和国」から変更された）　0496.③（四季は日本と逆転している）

オセアニア

オセアニアの世界初・世界一・世界遺産

Oceania

Q 0513
高さが約350mもあるオーストラリアの世界遺産、エアーズロックの特徴として、間違っているものは？
①1枚の岩である
②世界最大の岩である
③観光客も登ることが出来る

Q 0514
オーストラリア領にあるものは？
①世界最大の花
②世界最大のサンゴ礁
③世界で最も深い海溝

Q 0515
オーストラリアの世界遺産、シャーク湾にある、一部では最古の地上生命体といわれるものは？
①三葉虫　②アンモナイト
③ステロマトライト

Q 0516
世界最大のサンゴ島であるソロモン諸島の世界遺産、「東レンネル」にも群生する、ある生き物に似た木はなに？
①ヒトデノキ　②タコノキ
③イソギンチャクノキ　④エイノキ

Q 0517
オーストラリアの世界遺産であるサンゴ礁、「ニンガルー・リーフ」に毎年現れ、一緒に泳げるツアーも組まれている生き物は？
①マンボウ　②ジンベエザメ
③シロナガスクジラ

Q 0518
オーストラリアの世界遺産、「カカドゥ国立公園」の蟻塚は、高さ何mになる？
①約1m
②約3m
③約7m
④約20m

Q 0519
オーストラリアの世界遺産、「マッコーリー島」に数多く繁殖しているのは？
①カエル　②ペンギン
③ダチョウ　④カピバラ

Q 0520
ニュージーランドの世界遺産である自然保護区「テ・ワヒポウナム」の広さは、東京の約何倍？
①4倍　②12倍　③47倍　④91倍

答えは次のページにあるよ

Q 0521
オーストラリアの世界遺産、「ブルーマウンテンズ」にある観光名所の、3つ並んだ奇岩を、なんと呼ぶ?
①スリー・ラビッツ(3匹のウサギ)
②スリー・シスターズ(3姉妹)
③スリー・ハッツ(3つの帽子)

Q 0522
ニュージーランド人が、1953年に世界で初めて達成したものは?
①北極点到達
②無着陸での太平洋横断飛行
③エベレスト登頂

Q 0523
世界遺産である、オーストラリアのシドニー港にある、貝が縦に重なったような建物は、もともとなんの場所?
①商工会議所　②国会議事堂
③歴史民俗資料館　④オペラハウス

Q 0524
ニュージーランドにある「タウマタファカタンギハンガコアウアウオタマテアポカイフェヌアキタナタフ」とはなに?
①世界一長い地名の丘
②世界最大の駅ビル
③世界一大きな噴水

Q 0525
オーストラリアにあるインディアンパシフィックという鉄道は、なにが世界一?
①隣駅との距離が世界一長い鉄道
②世界一長い直線区間を走る鉄道
③世界一急な斜面を登る鉄道

Q 0526
バヌアツにおいて、共通語が出来るまでは重要な伝達手段であり、現在は無形文化遺産となったのは?
①人形劇　②切り紙細工　③砂絵

Q 0527
海に囲まれた砂島であるオーストラリアの世界遺産「フレーザー島」を、オーストラリアの先住民たちは現地語でなんと呼んだ?
①砂漠　②廃墟　③天国　④宇宙

Q 0528
オーストラリアの世界遺産、「ウィランドラ湖群地域」にある、約33kmにも及ぶ壁のような砂丘は、別名、なんといわれる?
①神の本立て　②竜の寝床
③万里の長城

P66.67の答え　0497.③(世界第5位の面積を誇る)　0498.③　0499.すべて(砂漠もあれば、南端では氷河も見える。首都サンティアゴは、地中海性気候)　0500.②(国内で見かけることはなく、ほとんどが輸出用である)　0501.②　0502.③(約2550kmの長さである)　0503.①②③　0504.⑥(ブラジルと共同で、両国の国境を流れるパラナ川に作られた。世界最大の発電量を誇る)　0505.①　0506.②(波の高さが5mほどになる、危険な大波である)　0507.④　0508.④　0509.④　0510.③　0511.①(スキンクリームなどの原料となる。羊毛の輸出も盛んである)　0512.②

オセアニア

オセアニア くらしクイズ

Q 0529
パラオと日本との時差は？
①ない ②22時間
③23時間 ④24時間

Q 0530
主にオセアニアを中心に食される果実の名は？
①ライスの実
②パンの実
③イモの実
④バターの実

Q 0531
オーストラリアが発祥の地である食べ物は？
①マカダミアナッツ ②ウエハース
③グミキャンディー ④ポップコーン

Q 0532
ニュージーランド産でお馴染みの果実、キウイフルーツについて、間違っているのはどれ？
①同国での生産量は、世界一である（2016年）
②日本は同国から、最も多くのキウイを輸入している
③名前の由来は、キウイという鳥に見た目が似ていたから
④同国では、家事に協力的な夫を、「キウイ・ハズバンド（夫）」という

Q 0533
パラオの「パラオ語」にある言葉は？
(複数回答可)
①ベントウ（弁当） ②セイフ（政府）
③スキ（好き） ④ベンジョ（便所）

Q 0534
パプア・ニューギニア、バヌアツ、ソロモン諸島の義務教育期間は？
①3年 ②2年 ③1年 ④ない

Q 0535
オーストラリアやニュージーランドで朝食のパンに塗られる「ベジマイト」とはどんなもの？
①ウズラの卵をペースト状にしたもの
②ブルーチーズをペースト状にしたもの
③ビールを造る時に出る酵母エキスをペースト状にしたもの

Q 0536
クック諸島の紙幣には、ある動物に乗った少女の絵が描かれている。その動物とは？
①ヤギ ②イルカ ③カメ ④サメ

70

答えは次のページにあるよ

Q 0537
パラオの伝統的建築物「バイ」について間違っているのはどれ?
①「酋長用」と「集会用」の2種類ある
②もともと女性の着替え用の建物だった
③釘を使わずに建てられている

Q 0538
ニュージーランドの先住民マオリ族の伝統料理「ハンギ」の特殊な料理法は?
①空中に吊るして、集めた日光で焼く
②穴を掘って食材を埋め、その中で蒸す
③海水に沈めた後、乾燥させて塩味を付ける

Q 0539
オーストラリアでクリスマスを迎えると、季節はいつ?
①春　②夏　③秋　④冬

Q 0540
サモアの伝統料理「パルサミ」とは、なにをタロイモの若い葉で包んで蒸し焼きにしたもの?
①サンマ　②タケノコ
③サクランボ　④ココナッツクリーム

Q 0541
そのキャラクター誕生40周年を記念してツバルから記念コインが発行された。そのキャラクターとはなに?
①仮面ライダー　②ウルトラマン
③鉄人28号　④鉄腕アトム

Q 0542
そのキャラクター誕生35周年を記念してクック諸島から記念コインが発行された。そのキャラクターとはなに?
①ハローキティ　②リカちゃん(人形)
③ドラえもん　④ルパン三世

Q 0543
マーシャル諸島において毎年7月の第1金曜日は祝日となり、あるトーナメントが行われるが、その内容は?
①乗馬　②フィッシング(釣り)
③遠投　④棒高跳び

Q 0544
フィジーの民族衣装である、腰に巻くスカート「スル」について間違っているのは?
①男も履く
②小学校の制服にもなっている
③冠婚葬祭には着用しない

P68.69の答え　0513.②(オーストラリアのマウント・オーガスタが世界最大)　0514.②(グレートバリアリーフといい、世界遺産。日本と同じような大きさである)　0515.③　0516.②(茎から根っこを外にぐるりと何本も出し、その様子がタコに似ていることから)　0517.②　0518.③(5m以上になるには50年以上かかる)　0519.②　0520.②(約28,000㎢)　521.②　0522.②　0523.②(劇場や展示場としても利用される)　0524.①　0525.②　0526.②　0527.①(現地語で「クガリ」という。「楽園」の意味もある)　0528.③(城壁のように見えるため)

71

オセアニア

オセアニア 文化クイズ

Q 0545
パラオの代表的な木彫りの民芸品、「ストーリーボード」について正しいのは？（複数回答可）
① 発案したのは日本人
② 免許制で、製作を許可している
③ もともと伝統家屋の壁にしていた彫刻の技法が生かされている

Q 0546
発見した偉人の名前が、そのままついている国は？
① アレキサンダー諸島
② ナポレオン諸島　③ クック諸島

Q 0547
マーシャル諸島は、2008年の北京オリンピックでオリンピック初参加を果たしたが、参加競技は、陸上と競泳と、もうひとつはなに？
① 水球　② ボート
③ ボクシング　④ テコンドー

Q 0548
体の弱かった『宝島』の作者スティーブンソンが、健康に良いという理由で晩年移り住んだのは？
① パプアニューギニア　② サモア
③ ニュージーランド　④ トンガ

Q 0549
日本人がオーストラリアに伝えたものは？
① 稲作　② タバコ　③ 自転車　④ 図書館

Q 0550
イギリス人で初めてオーストラリアに到達した、有名な冒険家は？
① マルコ・ポーロ　② コロンブス
③ キャプテン・クック

Q 0551
バヌアツのタンナ島にある、「ジョン・フラム」というアメリカ人を崇める民間信仰とは、どういうもの？
① 以前、アメリカに留学したことのある村長が始めた信仰
② いつの日かジョン・フラムがやってきて、島を豊かにしてくれるという信仰
③ この島で亡くなった多くのアメリカ兵の魂を鎮める祭事から派生した信仰

Q 0552
オーストラリアがアメリカに次いで2位のものは？（2015年）
① バスケットボールのボール生産数
② サラブレッド（競走馬）の生産頭数
③ フリスビーの生産数

答えは次のページにあるよ

Q 0553
オーストラリアにはカンガルーで有名な有袋類が多く見られるが、そのうち、いないのはどれ？
①フクロアリクイ
②フクロネズミ
③フクロイヌ
④フクロネコ

Q 0554
次のうち、パラオに自分の島を持っているのは？
①長嶋茂雄　②アントニオ猪木
③三浦知良　④北島康介

Q 0555
オーストラリアで根付いている、飛行機を用いての医療サービスをなんという？
①ジェット・ドクター
②スカイ・ドクター
③フライング・ドクター

Q 0556
オーストラリアのサッカー代表チームの名は？
①カンガルーとかけた「サッカルーズ」
②オセアニアとかけた「サッカニア」
③オージー（オーストラリアの）とかけた「サージーズ」

Q 0557
パラオの民芸品「トコベイ人形」の特徴は？
①腰から上のみであり、笑顔である
②草で編まれている
③膝を折り立てて腰を落とす、蹲踞の姿勢をとっている

Q 0558
試合前、ニュージーランドの先住民マオリ族の踊り、"ハカ"をおこなうことでも有名な、ニュージーランドのラグビーの代表チームの名前は？
①チェリーブロッサムズ
②イーグルス　③ワラビーズ
④オールブラックス

Q 0559
バヌアツにおける成人の儀式はどれ？
①酒を一気に飲み干す
②野生の豹を生け捕りにする
③バンジージャンプをする

Q 0560
オーストラリアの先住民が考えだしたとされる狩りの道具は？
①弓矢
②投げ縄
③ブーメラン

P70.71の答え　0529.①　0530.②（主食として食べられるのでbread fruit」という名がついた）　0531.①　0532.①（世界一は中国、同国は3位）　0533.①②④（戦時中の日本語教育から、そのまま定着した言葉が多い）　0534.④　0535.③（オーストリアの国民食といわれることもある）　0536.④（3ドル紙幣ほか。サメに乗って神様に会いに行くという神話から来ている）　0537.②　0538.②（焼けた石とともに入れ、数時間以上待って蒸す）　0539.②　0540.④　0541.②（2006年、オーストラリアのパース造幣局が鋳造し、ツバルで発行）　0542.①　0543.②　0544.②

オセアニア

Q 0561
ミクロネシア連邦が、日本の委任統治領だった時期に、実際にあった島や諸島の名は？（複数回答可）
①春島から冬島までそろった四季諸島
②月曜から日曜までそろった七曜諸島
③松島、竹島、梅島
④子から亥まで十二支がそろった島々

Q 0562
ニウエとニュージーランドのように、外交や防衛などの権限を他国に委ねながら、立場的には対等な国家間関係をなんという？
①兄弟連合　②自由連合
③平均連合　④対等連合

Q 0563
フィジーの伝統舞踊「メケ」の特徴は？
①男と女で、踊りが違う
②9日間、絶食してから踊る
③成人前でないと踊れない

Q 0564
次のうち、オーストラリアの先住民の名は？
①アーミッシュ　②アボリジニ
③インディオ　④ユピク

Q 0565
コーカソイド（白人）、モンゴロイド（黄色人種）、ネグロイド（黒人）らと並ぶ、「世界の4大人種」とされ、オセアニアや南アジアに分布する人種をなんという？
①オスロイド　②オセアニアン
③オーストラリー　④オーストラロイド

Q 0566
パプアニューギニアで現在でも使われているものはなに？
①貝で作られたお金
②撮影に20分以上かかるカメラ
③糸電話

Q 0567
オーストラリア領にある、日本人が始めた真珠の採取で有名な島の名は？
①冬島　②六月島
③木曜島　④正午島

Q 0568
トンガには明確な身分制度が現存する。どう分かれている？
①国王、国会議員、平民
②国王、貴族、平民
③僧侶、貴族、平民
④貴族、商人、農民

答えは次のページにあるよ

Q 0569
オーストラリアで第二次世界大戦以降、受け入れられた移民の数は？
①約6万5千人　②約65万人
③約650万人　④約6500万人

Q 0570
独立した時、日系人のクニオ・ナカムラ氏が大統領だった国は？
①バヌアツ
②パプアニューギニア
③パラオ

Q 0571
クック諸島とニウエの住人について共通するのは？
①両国の国籍を持っている
②国籍はニュージーランドとなる
③互いの永住権を、100ドル未満で買える

Q 0572
1919年、サモアにて、人口の2割以上を失った病気はなに？
①インフルエンザ　②デング熱
③ペスト

Q 0573
ミクロネシア連邦の政治について正しいのは？
①政党がない
②選挙権は12歳から
③国会議事堂が主な島ごとにある

Q 0574
サモアに存在しないのはどれ？
①1サモアドル紙幣もしくはコイン
②「さようなら」を意味する言葉
③2011年12月30日

Q 0575
かつてのナウルの重要な資源であったリン鉱石は、なにから採れた？
①アホウドリの糞
②火山から噴出した溶岩
③干上がった湖

Q 0576
フィジーの博物館にその残骸がある、横暴な船長への反乱事件が有名なイギリスの武装船をなんという？
①タイタニック
②セントメリー号
③バウンティー号
④タートル号

P72.73の答え　0545.①③（日本の植民地時代に美術講師として赴任した、土方久功さんである）　0546.③（1770年に探検家ジェームス・クックが発見した）　0547.④　0548.②　0549.①　0550.①（ハワイ諸島を発見したことでも有名）　0551.②　0552.②　0553.③　0554.②（「イノキ・アイランド」という）　0555.③（1928年から始まった。患者の移送や医者の派遣を行う）　0556.①（2006年のワールドカップでベスト16に入っている）　0557.③　0558.④　0559.③　0560.③（鳥を追い立てるため使われていたとする説もある）

オセアニア

オセアニア 地域クイズ

Q 0577
ガダルカナル島にやって来た探検家が、そこで見つけた砂金を、古代イスラエルの王の宝だと考えたため、その王様の名前がついた国は？
① ソロモン諸島
② ナウル共和国
③ パラオ共和国
④ トンガ王国

Q 0578
1984年に制定された、オーストラリアの「ナショナル・カラー」(国の色)は？
① 赤と青　② 白と黒
③ ゴールドと緑　④ シルバーと紫

Q 0579
キリバスにあるカロリン島は、ある時期の名前を取り、そのまま改名された。その新しい名前は？
① オリンピック島
② ワールドカップ島
③ ミレニアム島

Q 0580
次の4つを、「Ⓐオーストラリアだけにあるもの」「Ⓑニュージーランドだけにあるもの」に分けよう。
① 火山　② 氷河
③ コアラ　④ カンガルー

Q 0581
オーストラリアの首都は？
① シドニー　② メルボルン
③ キャンベラ　④ ケアンズ

Q 0582
ナウルの首都について正しいのは？
① 海上に浮かぶ人口島にある
② 1㎢もない都市である
③ 首都がない

Q 0583
ニュージーランドにいる羊の数は、人口の約何倍？
① 2倍
② 5倍
③ 7倍
④ 10倍

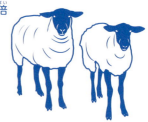

Q 0584
オーストラリアの国旗には、ある国の国旗のデザインがそのまま入っている。それはどこ？
① アメリカ　② イギリス
③ 中国　④ 日本

答えは次のページにあるよ

Q 0585
パラオの国旗のデザインは、丸がやや左よりである以外、日本と同じだが、ではその配色は？
① 赤地に白い丸
② 黒地に赤い丸
③ 青地に黄色い丸
④ 白地に緑色の丸

Q 0586
ニュージーランドの国旗について、間違っているのはどれ？
① オーストラリアの国旗と同じ国の国旗が入っている。
② オーストリアの国旗と同じく、南十字星を表す星が入っている。
③ 他に入っている星は、羊を表す。

Q 0587
ミクロネシア連邦の、首都がある島の名前は？
① マチュピチュ島　② ポンペイ島
③ ナスカ島　④ ハラッパ島

Q 0588
オーストラリアの人口は、どの地域に集中している？
① 北、北東　② 西、北西
③ 内陸部　④ 南西、南東

Q 0589
34の島からなるマーシャル諸島は、美しさとその海面上の配置から、なんと呼ばれる？
①「太平洋に浮かぶ真珠のコイン」
②「太平洋に浮かぶ真珠の首飾り」
③「太平洋に浮かぶ真珠のピラミッド」

Q 0590
「オセアニア」のもととなった言葉は？
① オーストラリア
② オーシャン（大洋）
③ オーガスト（8月）
④ オクトパス（タコ）

Q 0591
トンガを漢字で書くと？
① 斗賀
② 都河
③ 湯加
④ 土華

Q 0592
キリバスの国旗に描かれているのは？
① 海から出る太陽（日の出）
② 人間の親子　③ 羊と牧場

P74.75の答え　0561.①②④　0562.②　0563.①（男は戦いの前の勇ましさを、女は客人をもてなす穏やかさを伝える）　0564.②　0565.④　0566.①　0567.③（近くに水曜島、金曜島もある）　0568.②　0569.③　0570.③（1993年に第5代大統領となり、1994年に独立した）　0571.②（両国とも、ニュージーランド自治領）　0572.①（スペイン風邪ともいわれる。当時は全世界で約5000万人、日本でも約39万人が亡くなったとされる）　0573.①　0574.③（前日に日付変更線を移動させたため）　0575.①（長年の堆積でリン鉱石に変化した）　0576.③

77

オセアニア

Q 0593
日本が輸入している中で、オーストラリアからのものが最も多いのはどれ？
（複数回答可）
①綿花　②チーズ
③石炭　④アルミニウム

Q 0594
ニュージーランドにおいて、日本の約7倍であるのは？
①銀行の数　②地下鉄の路線数
③温泉の数　④紫外線

Q 0595
オーストラリアの鉄や石炭の採掘に見られる、地面を直接削って行く方法をなんという？
①表面掘り
②野外掘り
③外濠掘り
④露天掘り

Q 0596
マーシャル諸島を構成する、東側の列島と西側の列島の名前を日本語に訳すと？
①「右列島」と「左列島」
②「最初列島」と「最後列島」
③「日の出列島」と「日の入り列島」

Q 0597
キリバスについて、正しいのは？
①最も早く日付が変わる
②最も遅く日付が変わる
③日本との時差が最大
④日本との時差がない

Q 0598
キリバスにある、発見した日付がそのまま名前になっている島は？
①バレンタイン島
②エイプリルフール島
③ゴールデンウィーク島
④クリスマス島

Q 0599
ニュージーランドのロトルアに名所のある、一定周期で熱湯を噴水のように出す温泉をなんという？
①鯨温泉
②間欠泉
③噴水温泉

Q 0600
ニュージーランドに外交や防衛の権限を任せているニウエと、そのニュージーランドとの時差は？
①12時間　②17時間　③23時間

答えは次のページにあるよ

Q 0601
オセアニアの島国、ツバルの平均海抜は約何メートル以下？
①約22メートル
②約9メートル
③約2メートル
④約マイナス2メートル

Q 0602
オーストラリアの州の一部として、本当にある島は？
①コアラ島　②カンガルー島
③シドニー島　④ニュージーランド島

Q 0603
オーストラリアの牛肉をヨーロッパに低温運搬船で輸送するように、生鮮食料品を低温のまま消費地まで輸送するシステムをなんという？
①アイストラベル
②コールドチェーン
③シャーベットファイリング

Q 0604
ナウルの面積を東京と比べたらどのくらい？
①ほぼ同じ　②約10分の1
③約100分の1　④約1000分の1

Q 0605
ソロモン諸島が主要な原産地である観葉植物は？
①アイビー　②ポトス　③ガジュマル

Q 0606
200以上の島々からなるパラオであるが、そのうち人が住んでいる島はいくつ？
①3　②9　③187　④199

Q 0607
フィジーが原産の、アメリカで大人気のものは？
①ミネラルウォーター　②パルプ
③真珠　④水晶

Q 0608
切手の発行が盛んなニウエで出された、イギリスのウィリアム王子とケイト夫人のご成婚記念切手の特徴は？
①ハート型になっている
②2人の顔半分を合わせて1つの顔にしている
③2人の間にミシン目が入っている

P76.77の答え　0577.①　0578.③（サッカー代表ユニフォームなどに活かされている）　0579.③　0580.Ⓐ＝③④、Ⓑ＝①②（ニュージーランドの方が、自然が多い）　0581.③（シドニーとメルボルンが候補になり、間にあったキャンベラが首都になった）　0582.③　0583.③　0584.②（元はイギリスの植民地だったため）　0585.③（かつて統治されていた日本の日の丸をモデルとし、青は太平洋を、黄色は満月と、愛と平和を表す）　0586.③　0587.②　0588.④　0589.②　0590.②（太平洋の中に位置するため）　0591.③　0592.①（世界で最初に1日が始まる事を表している）

ヨーロッパ

ヨーロッパの
世界初・世界一・世界遺産

EUROPE

Q 0609
ドイツの世界遺産として有名なケルン大聖堂は、完成まで何年かかった？
①半年
②111年
③354年
④632年

Q 0610
イタリアのナポリ湾に浮かぶカプリ島にある、洞窟の中で海水が独特の色に輝く世界遺産をなんという？
①緑の洞窟　②青の洞窟
③水色の洞窟　④銀の洞窟

Q 0611
フランスが世界一を誇ることは？
①軍事偵察衛星の数
②アルコール消費量
③外国人観光客の数

Q 0612
ブルガリアのスレバルナ湖とその周辺を含む世界遺産、「スレバルナ自然保護区」の"スレバルナ"とは、ブルガリア語でどういう意味？
①豊かな　②銀色の
③冷たい　④うるさい

Q 0613
以下の、世界で最初に世界遺産登録されたもののうち、ドイツにあるものはどれ？
①シミエン国立公園
②アーヘン大聖堂
③ラリベアの岩窟教会群

Q 0614
最古の鉄道が走ったのは、どこの国？
①イタリア
②イギリス
③フランス
④スペイン

Q 0615
2017年、「経済・平和研究所」が選ぶ「世界で最も平和な国」の1位の国は？
①デンマーク　②イギリス
③スイス　④アイスランド

Q 0616
イタリアの世界遺産、ベローナ市街が舞台となった作品は？
①『車輪の下』
②『にんじん』
③『あしながおじさん』
④『ロミオとジュリエット』

Q 0617
フランスの世界遺産の1つで、何百枚もの鏡が立てられた"鏡の間"があるものはどれ?
①ノートルダム大聖堂
②ヴェルサイユ宮殿　③オペラ座

Q 0618
世界遺産にも登録されている、ノルウェー沿岸に見られる、氷河に削られて出来た複雑な湾や入江をなんという?
①リアス式海岸　②フィヨルド
③溺れ谷　④ムアラ

Q 0619
ポーランドの街並み、「ワルシャワ歴史地区」が世界遺産に登録された主な理由は?
①太古の昔から、景観が変わっていないため
②同国の偉人の生まれた家が、集中しているため
③戦争で破壊された町並みを、ほぼ元通りに復元したため

Q 0620
2017年7月の時点で、イタリアには世界で最も多くの世界遺産が存在する。その数は?
①27件　②53件　③87件

Q 0621
イタリアの世界遺産の1つ、「アルベロベッロのトゥルッリ」の、「トゥルッリ」とはどういう意味?
①四角い家　②屋根のない家
③部屋1つに屋根1つ

Q 0622
スペインの世界遺産「サグラダ・ファミリア教会」について間違っているのは?
①建築に当たっては、有名な建築家、ガウディが総監督を勤めた
②「サグラダ・ファミリア」とは、「石で書かれた聖書」の意味である
③100年以上前に作られ始めたが、現在も作り続けられている

Q 0623
周辺に多くの修道院を持つギリシャのアトス山のように、自然と文化の両方の要素を持つ世界遺産をなんという?
①両立遺産　②同時遺産
③多面遺産　④複合遺産

Q 0624
2014年のデータで、ノルウェーが世界一はどれ?
①人口増加率
②1人当たりの途上国への援助金額
③面積に占める日本人の多さ

P78.79の答え　0593.②③④　0594.④　0595.④　0596.③　0597.①（日付変更線に最も近いため）　0598.④　0599.①（アメリカのイエローストーン公園のものも有名）　0600.③（2つの国の間に、日付変更線が存在するめ）　0601.③（最高地点でも約4.5m）　0602.②（南オーストラリア州の島。カンガルーが沢山いる）　0603.②（低温流通体系ともいう）　0604.②（ナウルは約21k㎡で、東京は約2187k㎡）　0605.②　0606.②（大部分は無人島である）　0607.①（「フィジーウォーター」としてブランド化している。ケイ素を多く含んでいる）　0608.③

ヨーロッパ

ヨーロッパ くらしクイズ

Q 0625
ハンガリーで最も多い、日本車のメーカーは？
①トヨタ ②マツダ
③スズキ ④ニッサン

Q 0626
ハンガリー料理に欠かせないといわれるほど、多用される食材は？
①イチゴ
②パプリカ
③ヘチマ
④シナモン

Q 0627
次のうち、ポルトガルから伝わったのではない食べ物は？
①パン ②カレーライス
③カステラ ④金平糖

Q 0628
スイスの定番料理、「ラクレット」とはどんなもの？
①卵をバターで揚げたもの
②ゆでたジャガイモに溶かしたチーズをからめたもの
③ソーセージにシナモンをまぶしたもの

Q 0629
魚介類や肉などを使い、サフランで色付けした、スペインの代表的な米料理は？
①ジャンバラヤ ②ドリア
③パエリア ④ジョロフライス

Q 0630
ドイツ生まれの食事とお菓子の組み合わせは？
①ハンバーグとバームクーヘン
②オムライスとプリン
③ナポリタンスパゲッティと綿菓子

Q 0631
チェコで、1人当たりの年間消費量が世界一の飲み物は？（2015年）
①コーヒー ②紅茶
③ビール ④トマトジュース

Q 0632
フィンランドで生まれ、同国のほとんどの家にあるものは？
①暖炉 ②サウナ
③ワインセラー（ワイン専用保存庫）

82

答えは次のページにあるよ

Q 0633
次の国と、その代表的なファストフードをそれぞれつなげよう。
①イギリス ②オランダ
③ポーランド
Ⓐクロケット（コロッケ）
Ⓑザピエカンカ（ピザパン）
Ⓒフィッシュ＆チップス

Q 0634
リトアニア伝統のお菓子「サコティス」は、あるお菓子の元祖といわれているが、それはなに？
①ポッキー
②金平糖
③バームクーヘン

Q 0635
アメリカ版ハフポストが発表した調査結果（２０１４年）で、アイルランドが世界１位になったランキングはなに？
①おいしい国ランキング
②寂しい国ランキング
③暗い国ランキング
④良い国ランキング

Q 0636
オランダが、１人当たりの保有台数で世界一を誇るものは？
①自転車 ②自動車
③セグウェイ ④ローラースケート

Q 0637
フランスの小学校では、昼休みは通常何分？
①２０分 ②３０分 ③１２０分 ④なし

Q 0638
ロシアが主な産地として知られる珍味「キャビア」とは、なんのタマゴ？

Q 0639
世界的にも有名なウクライナ料理で、ビーツという野菜で赤みを出した煮込みスープをなんという？
①クラムチャウダー ②ボルシチ
③ミネストローネ ④トムヤムクン

Q 0640
フランスの給食について間違っているのはどれ？
①前菜から主菜、デザート他と、コース料理で出てくる
②土曜日の昼食も給食で食べることが義務づけられている
③給食と同時に、テーブルマナーを教えるための職員がいる

P80.81の答え　0609.④　0610.②（太陽の光が海底に反射して海面まで届くため、海水が青く輝く名所である）　0611.③　0612.②　0613.②　0614.②（１９世紀最初に、世界初の鉄道が走った）　0615.④（犯罪発生率や他国との関係で判断される。日本は10位）　0616.④　0617.②　0618.②　0619.③（第二次世界大戦で破壊された町並みを、市民が無償の協力で復元した）　0620.②（うち48件が、建造物などの文化遺産である。残りは自然遺産）　0621.③　0622.②（「聖なる家族」の意味である）　0623.④　0624.②

ヨーロッパ

Q 0641
ドイツで祝日である10月3日はなんの日？
①ベルリンオリンピックが行われた日
②民主主義の元となったワイマール憲法が公布された日
③東西のドイツが統一した日

Q 0642
ブルガリアの教育について、正しいものは？
①高校を卒業するための、全国的な試験がある
②学年は1月に始まり、11月頃に終わる
③評価レベルは5段階でなく、17段階もある

Q 0643
ブルガリアの生活に重要な、チェシメとはなに？
①共同の洗濯場
②家畜の水飲み場
③水くみ場

Q 0644
デンマークの首都コペンハーゲンにある、有名な童話の主人公の銅像は？
①人魚姫　②シンデレラ
③ヘンデルとグレーテル

Q 0645
ブルガリアの公衆トイレについて正しいのは？
①基本的に無料
②入口で料金を払い、トイレットペーパーを貰って入る
③公衆トイレはない

Q 0646
次のうち、17世紀のクロアチアで、兵士が恋人や家族から贈られたものを身に着けたことが原型とされるものはなに？
①帽子
②ネクタイ
③マント
④腹巻

Q 0647
毎年6月10日は独立を記念する「ポルトガルの日」とされているが、この日にはもう1つ意味がある。それはなに？
①国際連合に加盟した日
②初めての教会が出来た日
③有名な詩人の命日

Q 0648
次のうち、イギリス領にないものは？
①UFOが墜落したとされるロズウェル
②ネッシーがいるとされるネス湖
③バミューダ海域で有名なバミューダ諸島
④ストーンヘンジ

答えは次のページにあるよ

Q 0649
スペインなどで基本的に商店は休みとなる、キリスト教（カトリック）の安息日は何曜日？
①月曜日　②金曜日　③日曜日

Q 0650
イギリスはスコットランドの、男性も着るスカート状の伝統衣装をなんという？
①アットゥシ
②ウィピル
③キルト

Q 0651
ハンガリーの名物スープ「ヒデグ・メッジュレヴェシュ」は、意外な具材が使われているが、それはどのような料理？
①フルーツを使った冷製スープ
②パンが入った熱いスープ
③揚げたナマズが入ったスープ
④トリュフの入った味のないスープ

Q 0652
ブルガリアの小学校、中学校、高校の、それぞれの年数は？
①6・3・3　②5・4・3
③6・4・2　④4・4・4

Q 0653
次の童話のうち、ドイツ国内にそれを表す銅像が建てられているものはどれ？（複数回答可）
①ジャックと豆の木
②ハーメルンの笛吹き男
③ブレーメンの音楽隊

Q 0654
ギリシャの衛兵が着るスカート風の民族衣装「フスタネラ」に、折り目は幾つある？
①1
②4
③64
④400

Q 0655
ノルウェーの夏に見られる、夜になっても太陽が沈まない現象をなんという？
①不夜　②明夜　③白夜　④黄夜

Q 0656
ラトビアの"平均寿命"について、正しいのは？（2016年）
①男女とも、長寿のベスト3に入っている
②男女の平均寿命の差が、約10歳離れている
③ヨーロッパ諸国の中で、最も平均寿命が短い

P82.83の答え　0625.③　0626.②　0627.②　0628.②（アニメ「アルプスの少女ハイジ」にも出てくる）　0629.③　0630.①（ハンバーグは同国のハンブルグ地方から名がついた。バウムクーヘンはドイツ語で「木の年輪のケーキ」の意味）　0631.③　0632.②（保存食の燻製を作る小屋から発展したものとされる）　0633.①－C、②－A、③－B　0634.③　0635.④　0636.①　0637.③（12時から14時が基本的である）　0638.チョウザメ　0639.②（ロシア料理として有名だが、もともとはウクライナの料理である）　0640.②（給食は自由参加であり、家に帰って食べても良い）

ヨーロッパ

Q 0657
アイルランドが世界一を誇ることはなに？（2013年）
①廃棄物のリサイクル率
②1人あたりの国民総所得
③1人あたりの石油エネルギー消費量

Q 0658
フィンランドについて、間違っているのはどれ？
①緊急時の電話番号は、日本と同じ「119」である
②水道水は、ミネラルウォーターよりも水質がよく、そのまま飲める
③国民皆保険制度が維持されている

Q 0659
スイスとイタリアの国境が通る、アルプス山脈にある綺麗にとがった有名な山をなんという？
①エベレスト
②マッターホルン
③ブロッケン山

Q 0660
手・足骨や頭蓋骨で埋め尽くされたパリ（フランス）のものが有名な、地下にある埋葬用の洞窟をなんという？
①コフィン　②スカルロック
③ツーム　④カタコンベ

Q 0661
ハンガリー人の名前の特徴は？
①親の名の字を必ず入れる
②英語でいう「THE」のような「冠詞」がつく
③苗字と名の順序が、日本と同じである

Q 0662
スウェーデンやノルウェー、フィンランドでも見られる光の帯、オーロラを漢字で書くと？
①帯光　②極光　③幻光　④純光

Q 0663
ポルトガルのポストには赤と青の2種類ある。赤は普通郵便用。では青は？
①海外用
②現金書留用
③小包用
④速達用

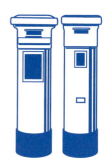

Q 0664
ギリシャの人気観光地、ミコノス島にある家々の特徴は？
①屋根と壁の間に隙間がある
②壁が必ず白く塗られている
③入口を下から上に持ち上げて開けるようになっている

答えは次のページにあるよ

Q 0665
アイルランドの観光名所「ブルーラグーン」とはどんな場所？
①イルカと泳げるビーチ
②世界最大級の露天温泉施設
③屋内スキー場

Q 0666
ロシアの民芸品で、人形の中に人形が入り、その人形の中にも人形が……とくり返される人形をなんという？
①ゴーレム
②マトリョーシカ
③ビスク・ドール
④ピグマリオン

Q 0667
ノーベル平和賞を受賞したアルバニア人であり、その功績をたたえ、同国の祝日に名前がついている人物は？
①シュバイツァー
②ルーサー・キング牧師
③マザー・テレサ

Q 0668
ロシア、ウクライナ、ジョージア、セルビア、マケドニアでは、クリスマスの日付はいつ？
①12月22日　②12月26日
③1月7日　④1月14日

Q 0669
イタリアの小学校で登校時に使うザイノとは、どんなカバン？
①ショルダーバッグ　②トートバッグ
③リュックサック　④アタッシュケース

Q 0670
ロシアには、床が高い住居が多い。（高床式住居）その理由は？
①風通しを良くし、湿気を防ぐため
②土が凍ってるため、床の熱で溶けて建物が傾いてしまわぬようにするため
③狼や熊などの猛獣の侵入を防ぐため

Q 0671
ポーランドに本当にある建物は？
①「富士山ビル」　②「マンガ館」
③「相撲アリーナ」

Q 0672
スウェーデンの首都ストックホルムにあるものは？
①バス専用道路　②タクシー専用道路
③自転車専用道路

P84.85 の答え　0641.③（ドイツ連邦共和国の建国記念日である）　0642.①　0643.③（公園などにあり、ここの水を飲料用に溜める人も多い）　0644.①（原作者のアンデルセンがデンマーク生まれのため）　0645.②（基本的に有料である）　0646.②　0647.②（ルイス・デ・カモンイスの命日）　0648.①　0649.③　0650.③（前で重ねるタイプの巻きスカートである）　0651.①　0652.④（中学までが義務教育である）　0653.②　0654.④　0655.③（国の緯度が高い位置にあるので、太陽が地平線の下に隠れないことから起こる）　0656.②（女性が長寿）

ヨーロッパ

Q 0673
ドイツではほとんどの商品に、「付加価値税」というものがついているが、その標準税率は？（2016年）
① 0.09%　② 5%
③ 11%　④ 19%

Q 0674
フィンランドの家の庭にある、小さな家の形をした「レイキモッキ」とはなに？
① 子供用の小さな家
② ポニー（小さな馬）用の小屋
③ 日本でいう仏壇のようなもの
④ 井戸が凍結しないための小屋

Q 0675
EU（欧州連合）共通の貨幣であるユーロは硬貨の片面のみ加盟各国でデザインして良いことになっている。イタリアのユーロ貨幣のデザインではないものはどれ？
① ローマのコロッセオ
② オリーブの実
③ レオナルド・ダ・ビンチの絵
④ 『神曲』の作者、ダンテの肖像画

Q 0676
ドイツを始めとするヨーロッパで見られる、中学と高校が一緒になった教育施設の名は？
① ダブルスクール　② ニザーミーヤ
③ ハンズオン　④ ギムナジウム

Q 0677
ブルガリア人が首を縦に振ると、どういう意味？
① 「いいえ」
② 「さようなら」
③ 「わからない」

Q 0678
次のうち、ポルトガル語が元になっている言葉は？（複数回答可）
① 天ぷら　② （雨具の）カッパ
③ ジョウロ　④ ブランコ

Q 0679
次のうち、ドイツについて間違っているのはどれ？
① ドイツで現在使われている通貨単位は、マルクである
② ドイツの郵便局は、民営である
③ ドイツのビデオデッキでは、日本のビデオはそのまま再生は出来ない

Q 0680
EU（欧州連合）とデンマークの関係について正しいのは？
① EU発足当時の加盟国の1つである
② 加盟国であるにも関わらず、EU共通の貨幣である、「ユーロ」を使用していない
③ 加盟国だが、出入国にはパスポートが必要である

88

答えは次のページにあるよ

Q 0681
モルドバの公用語、「モルドバ語」は、実際にはある言語とほとんど同じである。その言語とは？
①ロシア語　②スペイン語
③ハンガリー語　④ルーマニア語

Q 0685
ブロックを組み合わせて遊ぶ「レゴ（ブロック）」は、もともとどこの国のおもちゃ？
①スウェーデン
②オランダ
③フランス
④デンマーク

Q 0682
EU（欧州連合）共通の貨幣であるユーロは、硬貨の片面のみ、それぞれの国でデザインして良いことになっている。それでは、オーストリアのユーロ貨幣に実際にあるデザインは？
①ピアノの絵
②ト音記号
③モーツァルトの顔
④蓄音機の絵

Q 0686
モンテネグロで使われる「モンテネグロ語」について正しいのは？
①ヨーロッパの大国、ロシア語を模倣している
②独立する前に所属していた連邦国の言葉と同じ
③独立して間もないが、新たな言語である

Q 0683
日本での読み方がそのままポルトガルに伝わっているものは？
①墨　②野球　③刀　④あぐら

Q 0687
スウェーデンの消費税は何％？（2015年）
①5％　②10％　③25％　④35％

Q 0684
ハンガリーの公用語は？（複数回答可）
①ポルトガル語　②マジャル語
③フランス語　④ハンガリー語

Q 0688
世界で最も、男性の数に対する女性の数の割合が高い国はどこ？（2017年）
①ウクライナ　②フランス
③ギリシャ　④ルーマニア

P86.87の答え　0657.①　0658.①　0659.②（標高4478mある）　0660.④　0661.③（住所の書き方も同じである）　0662.②（北極、南極近くの緯度が高いところで見られ、65度～70度の一帯を、オーロラ帯と呼ぶことがある）　0663.④（赤、青、並んで立っていることが多い）　0664.②　0665.①　0666.②　0667.③（インドを中心に活動。2003年10月19日にローマ教皇に福者という地位を与えられたことから祝日にしている）　0668.③　0669.③（教科書がぶ厚くて大きいため、丈夫な材質のものが使われる）　0670.②　0671.②　0672.①

89

ヨーロッパ

ヨーロッパ文化クイズ

Q 0689
ドイツ生まれでない学者は？
①ベンジャミン・フランクリン（避雷針を発明） ②アインシュタイン
③レントゲン ④ニーチェ（哲学者）

Q 0690
ブルガリアで盛んなスポーツは？
①ラクロス ②新体操
③円盤投げ ④バスケットボール

Q 0691
ブルガリア人の元力士、琴欧州の化粧まわしに、実際にあったデザインは？
①バルカン半島の地図
②黒海の写真
③「明治ブルガリアヨーグルト」のパッケージ

Q 0692
ブルガリアや周囲の国には、「修道士アザラシ」というアザラシがいる。その名の由来は？
①肉を食べないから
②鳴き声を持たず、常に静かだから
③皮のたるみ具合が、修道士の着るフードに似てるから

Q 0693
ロシアに上陸し、帰国した初めての日本人は？
①大黒屋光太夫
②高田屋嘉兵衛
③間宮林蔵
④伊能忠敬

Q 0694
ドイツの国歌に関する記述として正しいのは？（複数回答可）
①有名作曲家、ハイドンの曲のメロディが流用されている
②1番と2番で、メロディが変わる
③公の場では、3番のみが歌われる
④歌詞がない

Q 0695
ドイツ生まれでない作家は？
①グリム兄弟 ②ゲーテ
③ヘミングウェイ ④ヘルマン・ヘッセ

Q 0696
ポルトガルから日本に伝わったのではない品は？
①タバコ ②メガネ
③ヨーヨー ④カルタ

答えは次のページにあるよ

Q 0697
ハンガリーの文化として正しいのは？
①お酒を飲まない
②温泉が盛んだ
③スキーが人気である

Q 0698
ハンガリーにある、世界で2番目に古いものは？
①鉄道　②地下鉄
③飛行場　④スケート場

Q 0699
ポルトガルの有名な探検家、ヴァスコ・ダ・ガマはなにをした人？
①イタリアから中国間を初めて往復した
②ヨーロッパからインドへの航路（船での行き方）を初めて発見した
③初めてグリーンランド（北極圏）に到達した

Q 0700
次のうち、ドイツ生まれでない作曲家は？
①バッハ　②ベートーベン
③モーツアルト　④シューマン

Q 0701
スイスのチューリッヒに本部がある「国際サッカー連盟」を、アルファベット4文字でなんという？

Q 0702
次のうち、住所がフィンランドにあり、手紙を送ると返事がもらえる人物は？
①ロビン・フッド　②サンタクロース
③メリー・ポピンズ

Q 0703
次のうち、フィンランドの作家が生み出したキャラクターは？
①スヌーピー　②ムーミン
③アルプスの少女ハイジ

Q 0704
ポルトガルの有名な探検家、マゼランはなにをした人？
①自分の率いた艦隊で、初めて世界一周した
②初めてアメリカ大陸を発見した
③アジアをヨーロッパに初めて紹介した

P88.89のこたえ　0673.④（ただし旅行者は手続きをすれば戻ってくる）　0674.①　0675.②（イタリアに限らず、名品や美術品がデザインされる場合が多い）　0676.④（日本でいう、中高一貫校である）　0677.①（首を横に振ると「はい」で、日本と真逆である）　0678.全て　0679.①（1999年から廃止。今はユーロが通貨単位である）　0680.②　0681.④（区別するために呼び方のみ変えたものともされる）　0682.③（1ユーロ貨幣のデザインである）　0683.③　0684.②　0685.④（同国にはレゴビルダーという、レゴを組み立てる職業もある）　0686.②　0687.③　0688.①

91

ヨーロッパ

Q 0705
ロシアは1991年まで、ソ連という国であった。その国歌の扱いについて正しいものは？
① ソ連時代のものが、そのまま使われている
② ソ連時代のものが使われていたが、数年前、公募でロシア国歌が出来た
③ 一時期、ロシアのものが使われたが、またソ連時代のものに戻った
④ ロシアの誕生と同時に、国歌も新しく変わった

Q 0706
ルーマニア生まれとされているのは？
① ドラキュラ　② 狼男　③ ゾンビ
④ フランケンシュタイン

Q 0707
オランダの発表者の名前がそのままついた、一般的な四角い地図の図法のことをなんという？
① ミラー図法
② メルカトル図法
③ モルワイデ図法

Q 0708
ブルガリアで毎年5月6日は、家畜の守護神とされた「聖ゲオルギの日」という祝日だが、この日に各家庭で、必ず行われることは？
① 庭を含めての大掃除
② 食卓に新しく出来たヨーグルトをのせる。
③ ブルガリア産のワインを飲む

Q 0709
サッカーのハンガリー代表は、かつて「マジック・マジャール」と呼ばれた（マジャールは民族名）。マジックと称された理由は？
① 4年間の勝利の全てが逆転勝ちだった
② 4年間無敗だった
③ 度重なるハンドの反則を犯していた

Q 0710
スイスのローザンヌに本部がある「国際オリンピック委員会」を、アルファベット3文字でなんという？

Q 0711
次のうち、イギリス生まれでない作家は誰？
① シェイクスピア
② ジャック・ロンドン
③ アガサ・クリスティ
④ J・K・ローリング

Q 0712
「ドイツのミュンヘンで毎年10月に行われ、600万人以上が集まる催しの「オクトーバーフェスト」とは？
① おもちゃショー　② フリーマーケット
③ ツーリング大会　④ ビール祭り

答えは次のページにあるよ

Q 0713
リヒテンシュタインの国歌について正しいのは？
①川のせせらぎの音から始まる
②イギリスの国歌とメロディが一緒だ
③家畜の目から見た歌詞になっている

Q 0714
ハンガリーは第二次世界大戦で日本、ドイツ、イタリア等と同盟を結んだが、これらの国々をなんという？
①最恵国　②君国
③枢軸国　④令制国

Q 0715
スウェーデンの有名探検家、ヘディンはなにを発見した人？
①さまよえる湖
②世界で最も深い海底
③ナイル川の水源
④シルクロード

Q 0716
ブルガリアから広まったとされる、ロシア語などに使われるアルファベットをなんという？
①ルーン文字　②メロエ文字
③キリル文字　④リス文字

Q 0717
偉人に関する祭りで、フランスに本当にあるのは？
①キューリー夫人祭（物理学者）
②ジャンヌ・ダルク祭（革命家）
③ビクトル・ユーゴー祭（『レ・ミゼラブル』の作者）

Q 0718
地中海に浮かぶ島国、マルタ共和国がその名前の由来となったのは？
①マルチーズ（犬）　②マンホール
③マンドリン（楽器）　④マヨネーズ

Q 0719
スペイン人が昼に行う習慣、「シエスタ」の内容は？
①お祈り　②道路掃除
③断食　④昼寝

Q 0720
世界で初めて南極点に到達した、ノルウェー人探検家は誰？
①ロバート・スコット
②ロアール・アムンゼン
③フリチョフ・ナンセン

P90.91の答え　0689.①　0690.②（世界王者を何度も輩出している）　0691.③　0692.③（比較的群れないところも似ているといわれる）　0693.①（船乗りであり、18世紀末にロシアに漂着した）　0694.①③（1番の歌詞は他国への侵攻を思わせ、2番は女性蔑視を思わせることから）　0695.③　0696.③（これはアメリカから伝わったとされる）　0697.②　0698.②　0699.②　0700.③　0701.FIFA（ワールドカップを主催している）　0702.②　0703.②（同国生まれの作家、トーベ・ヤンソンが生み出した）　0704.①（本人自体は世界一周を直前に死んでいる）

ヨーロッパ

Q 0721
以下のスウェーデンの日付のうち、最も盛り上がる祭りが行われるのは？
①バレンタイン・デー（2月14日）
②建国記念日（6月6日）
③夏至（6月の第3土曜日）
④ノーベル賞授賞式（12月10日）

Q 0722
ブルガリアでは、3月1日に家族や友人で「マルテニツァ」という紅白の糸でできた御守りを贈り合う風習がある。その「マルテニツァ」について間違っているのはどれ？
①必ず自分で手作りする
②健康と幸運の御守りである
③自分用には用意しない
④日本のバレンタインデーのように義理でも贈る習慣がある

Q 0723
ハンガリーに実際ある政党は？
（2017年）
①新しい政治の形
②国会議員を減らす形
③古い政治を壊す形

Q 0724
ポルトガル人の気質や国の雰囲気を表わすのによく使われる「サウダーデ」（ポルトガル語）という言葉のおおよその意味は？
①懐かしさと哀しさ　②静かさと嬉しさ
③情熱と憎しみ　④申し訳なさと諦め

Q 0725
ノルウェーなど、北欧や西ヨーロッパに見られた海賊のことを、一般的になんという？
①ヴァイキング
②ロジャー
③ラフテル
④ドラゴン

Q 0726
イタリアのヴェネツィアで毎年2月から3月にかけて行われる「ヴェネツィア・カーニバル」の特徴は？
①馬を放し飼いにして楽しむ
②参加者が皆、仮面姿となる
③火の点いたロウソクを持って行進する

Q 0727
マケドニアで本当にあった裁判の判決は？
①ハチミツを盗んだクマが有罪となった
②コインにタバコを貫通させた手品師が有罪になった
③喋る自動販売機が有罪になった

Q 0728
環境意識の強いデンマークでも行われている、余った熱を再利用するシステムをなんという？
①リフレーム　②サンシステム
③コージェネレーション

答えは次のページにあるよ

Q 0729
ブルガリアは14世紀後半から19世紀後半までの約500年間、どこの国の支配下にあった？
①ロシア　②スペイン
③ポルトガル　④トルコ

Q 0730
ポルトガルの植民地だったことのある国は？（複数回答可）
①ブラジル　②マカオ
③アンゴラ　④パプアニューギニア

Q 0731
東ドイツと西ドイツを約30年に渡り分断していた、「ベルリンの壁」について間違っているのは？
①長さは、最長で約155kmあった
②高さは、最高のところで約3.6mあった
③厚さ約20cmの、1枚の壁であった

Q 0732
コソボは2008年、どこから独立して出来た国？
①セルビア　②マケドニア
③アルバニア　④モンテネグロ

Q 0733
言語や民族性の違いから対立し、まるで違う国のようになっているのは、ベルギー国内のどの部分とどの部分？
①東部と西部　②北部と南部
③内陸部と周辺地域

Q 0734
1543年、種子島に漂着したポルトガル人が日本に伝えたものは？
①チョコレート　②ボールとバット
③鉄砲　④お灸

Q 0735
魔女の手下とされたある動物が、多くの被害に遭ったことを悼む、ベルギーの祭りは？
①犬祭り　②猫祭り
③ねずみ祭り　④こうもり祭り

Q 0736
フォッサマグナを発見し命名した、ドイツの地質学者は？
①ナウマン
②マンモス
③エレファント
④ダンボ

P92.93の答え　0705.③　0706.①　0707.②（発表した地理学者 ゲラルドゥス・メルカトルの名前がそのままついた）0708.②（健康を祝い、ヨーグルトのスターター（種菌）を作る日と定められている）0709.②　0710.IOC（オリンピックを主催している）0711.②　0712.④　0713.②　0714.③（アメリカなどの連合国側と戦った）0715.①（中国奥地で、さまよえる湖といわれるロブノール湖を発見した）0716.③　0717.②　0718.①　0719.④（そのため、昼食の時間も含めて、昼休みはたっぷり3時間とられている）0720.②

ヨーロッパ

Q 0737
日本に来て西洋医学を教え、後に日本の研究でも有名になった、ドイツ人の医師は?
① フロイト
② シーボルト
③ ウイリアム・アダムス
④ ツンベルク

Q 0738
それぞれ独立国家である、セルビア、クロアチア、スロベニア、ボスニア・ヘルツェゴビナ、モンテネグロ、マケドニアは、以前、なんという連邦国に所属していた?
① ユーゴスラビア連邦
② チザカフカース民主主義連邦
③ ネーデルラント連邦

Q 0739
ウクライナで2004年の大統領選挙後に起こった抗議運動を、そのシンボルカラーになぞらえてなんという?
① レッド革命　② オレンジ革命
③ ブルー革命　④ ホワイト革命

Q 0740
現在のハンガリーのもととなる、ハンガリー王国が建国されたのは西暦何年?
① 500年　② 1000年
③ 1500年

Q 0741
1974年4月25日、ほとんど血を流すことなく終わったポルトガルの軍事クーデターを、そのシンボルになぞらえてなんという?
① ハト革命　② ミルク革命
③ レインボー革命
④ カーネーション革命

Q 0742
ポルトガルのエンリケ王子をはじめとして15世紀から17世紀初めにかけ、ヨーロッパの国々が大規模な探検航海を行った時代をなんという?
① 新世界時代　② 大航海時代
③ 四海時代

Q 0743
ブルガリアは、ヨーロッパでは、最も古くから、あるものを変えずに保持してきた国家である。それはなに?
① 国名
② 通貨単位
③ 国旗のデザイン

Q 0744
1991年、スロベニアが独立する際に元の国との間に起こった戦争を、その期間になぞらえてなんという?
① 半年戦争　② ひと月戦争
③ 十日間戦争　④ 日帰り戦争

答えは次のページにあるよ

Q 0745
1947年、ノルウェー人の冒険家ヘイエルダールが、南米からポリネシアの島々まで横断したイカダの名前は？
①モウビ・ディク号
②ノーチラス号
③アマゾン号
④コンティキ号

Q 0746
イギリスの現在の国王は、エリザベス何世？
①1世　②2世　③3世　④4世

Q 0747
第二次大戦後、ハンガリーでインフレにより出た、最も高い紙幣の額面は？（単位はペンゲー）
①1000億ペンゲー
②1000兆ペンゲー
③1垓ペンゲー（*1垓は、1億×1兆）

Q 0748
イギリスの植民地は、最も多い時期で、自国の面積の何倍以上あった？
①30倍　②50倍
③70倍　④100倍

Q 0749
1997年、アルバニアで暴動（アルバニア暴動）が起きる原因となった、加入者が新規会員を次々と勧誘することにより販売組織を拡大させていくビジネスをなんという？
①頼母子講　②無尽　③ねずみ講

Q 0750
チェコスロバキアが、チェコ共和国とスロバキア共和国に分離したのは、1993年の何月何日？
①1月1日　②4月1日
③10月1日　④12月31日

Q 0751
イギリスで18世紀中ごろから始まった、工場での生産に機械を導入した技術革新を漢字四文字でなんという？

Q 0752
日本にキリスト教を伝えたポルトガル人の名は？
①ルイス・フロイス
②ジョバンニ・シドッチ
③フランシスコ・ザビエル
④ヨハン・デリンガー

P94.95の答え　0721.③（冬が長く、夏が非常に短い分、極めて盛大に行われる）　0722.①　0723.①　0724.①（「郷愁」や「哀愁」と訳されるが、日本語にはない感情とされる）　0725.①　0726.②　0727.①（クマが見つからないため、盗まれたハチミツに対する損害賠償金は、国が払った）　0728.③（ガスや石油から電気を生み、そこから余った熱を利用する方法などがある）　0729.④　0730.①②③　0731.①（中に数10mの空白地帯がある、二重の壁であった）　0732.①　0733.②　0734.③　0735.②（3年に一度盛大に行われ、皆、猫の仮装で練り歩く）　0736.①

ヨーロッパ

ヨーロッパ 地域クイズ

Q 0753
正式名称を「グレートブリテン及び北アイルランド連合王国」というイギリスは、いくつの国が集まってできている？
①2　②4　③8　④16

Q 0754
国家を象徴する紋章を「国章」というが、ドイツの国章に描かれている動物は？
①コンドル　②ワシ　③ハヤブサ
④グリフォン（空想上の動物）

Q 0755
ブルガリアの首都の名前はどれ？
①「愛」を意味するアガペー
②「知恵」を意味するソフィア
③「平和」を意味するエイレーネ

Q 0756
イギリスに本当にある空港は？
①ニュートン空港　②ダーウィン空港
③ジョン・レノン空港

Q 0757
アイルランドの「アイル」とはどういう意味？（「ランド」は土地）
①快適な　②草原の
③西の　④新しい

Q 0758
ハンガリーの首都ブダペストのように、2番目以下の都市を規模で大きく離している都市をなんという？
①プライメイトシティ
②グランプリシティ
③パルムシティ

Q 0759
ハンガリーの首都ブダペストは、千葉県ほどの大きさだが、温泉の源泉はいくつある？
①24　②59　③77　④123

Q 0760
次の3つの国を、面積の大きい順に並べよう。
①中国　②アメリカ　③ロシア

答えは次のページにあるよ

Q 0761
実際にある国の名前は?
①高ドニエストル共和国
②新ドニエストル共和国
③沿ドニエストル共和国
④平ドニエストル共和国

Q 0762
ポルトガル首都リスボン地域には、国の人口の約何%が集まっている?(2017年)
①約11%　②約25%
③約33%　④約44%

Q 0763
ブルガリアのガブロヴォという街は、周辺から、なんの首都といわれている?
①ユーモアの首都　②健康の首都
③優しさの首都　④お喋りの首都

Q 0764
「ブルガリア」という国名は、なにに由来する?
①ヨーグルトの菌の名前
②国のもとを作ったブルガール族
③ギリシャ語で「半島」の意味

Q 0765
オランダの正式名称「ネーデルラント」の意味は?
①涼しい土地　②低い土地
③豊かな土地　④上った土地

Q 0766
西アジアとヨーロッパを分けるトルコの海峡の名前は?
①オトラント海峡　②ボラボラス海峡
③カテガット海峡　④ドーバー海峡

Q 0767
ポルトガルの国旗について、正しいのはどれ?
①左が深い海を表わす紺で、右が太陽の光を表わすオレンジ色
②左が希望などを表わす緑で、右が海に乗り出して行った祖先の血を表わす赤
③左が海に乗り出して行った祖先の血を表わす赤で、右が希望などを表わす緑

Q 0768
ベルギーの首都に本部があるものはどれ?
①EU(欧州連合)　②国際捕鯨委員会
③国際コーヒー機関

P96.97の答え　0737.②(長崎の出島周辺で活躍した)　0738.①(1991年から解体が始まった)　0739.②　0740.②(8月20日が、建国記念日で、祝日となる)　0741.④　0742.②　0743.①　0744.③　0745.②(太古の文明が海を渡れたことを証明した)　0746.②　0747.③　0748.④(1914年に、本国の面積が30万km²に対し、植民地の面積は約3300万km²となっている)　0749.③(非常にあくどいビジネス手法とされ、日本では禁止されている)　0750.①　0751.産業革命(これにより、大量生産が可能となった)　0752.③(1549年、鹿児島に上陸した)

99

ヨーロッパ

Q 0769
それぞれ独立国家である、セルビア、クロアチア、スロベニア、ボスニア・ヘルツェゴビナ、モンテネグロ、マケドニアのうち2つは、2006年まではそれぞれの国の名前を並べた連合国家であった。その名前は？
① クロアチア・マケドニア
② セルビア・モンテネグロ
③ スロベニア・マケドニア

Q 0770
「ベネルクス三国」という名前は、3つの国の頭文字を合わせたものであるが、その国とは、ベルギー、ルクセンブルクと、もう1つはなに？
① スイス　② エストリア
③ オランダ　④ モンテネグロ

Q 0771
青と黄色の2色で構成されているウクライナの国旗で、青は青空を意味する。では、黄色の意味するものは？
① 経済の発展
② 平和
③ 小麦畑
④ 卵

Q 0772
ドイツで栄える世界的に有名な交通手段、「LRT」とは？
① 三輪自動車　② 路面電車
③ 電気自転車　④ 二階建てバス

Q 0773
ハンガリーの首都ブダペストについて、間違っているものは？
① 名前はブダ地区とペスト地区を合わせたもの
② 美しい街並みは、「ドナウの真珠」といわれる
③ ドナウ川にかかる橋の多くが世界遺産登録されている

Q 0774
スウェーデンの首都、ストックホルムで、2050年までに排出量をゼロにする目標を掲げているのは？
① 二酸化炭素　② 車の排気ガス
③ メタンガス　④ フッ素

Q 0775
フランスの首都パリに本部があるのは？
① 世界遺産を決定する機関
② 国際連合
③ 国際人権救援機構
（アムネスティ・インターナショナル）

Q 0776
トルコの国旗にある三日月と星の意味は？
① イスラム教
② トルコ人
③ 陸と海
④ 稲

答えは次のページにあるよ

Q 0777
ポルトガルで世界の半分以上を生産しているものは?
①砂消しゴム　②コルク
③ビー玉　④磁石

Q 0778
ドイツのシュヴァルツヴァルトというところの森林は、ほとんどが枯れてしまった。その原因は?
①国外からの害虫
②地球温暖化による気温の上昇
③大気汚染による酸性雨

Q 0779
フランスの国の標語として、正しいものはどれ?
①「自由、平等、博愛」
②「王道、勤勉、祖国」
③「労働、信念、成功」
④「純真、浪漫、芸術」

Q 0780
ボスニア・ヘルツェゴビナの国旗には、下を頂点とする三角形が描かれているが、これはなにを意味する?
①広がる自由
②身分制度
③国の形

Q 0781
ヴェルツブルグからフュッセンを結ぶ、ドイツを代表する観光ルートの名は?
①ロマンチック街道
②ワンダフル街道
③ビューティフル街道
④カーネーション街道

Q 0782
ポルトガルとスペインがある半島の名前は?
①ブーシア半島
②アナトリア半島
③イベリア半島

Q 0783
ハンガリーが世界一のことはなに?
①未婚率　②消費税率
③喫煙率　④貧困率

Q 0784
ドナウ川は、欧州諸国を流れており、どの国の船舶も自由に行き来出来る。こうした河川をなんという?

P98.99の答え　0753.②　0754.②（勇猛果敢さや無敵を意味する）　0755.②（古代ギリシャ語である）　0756.③（彼の出身地、リバプールにある）　0757.③　0758.①（首位都市や、首座都市ともいう）　0759.④（温泉施設も多く、男性専用や女性専用のものもある）　0760.③→①→②（ロシアの大きさは、約１７００万㎢で、世界一である。中国は約９６０万㎢）　0761.③　0762.②　0763.①　0764.②　0765.②（国土の約４分の１が海抜０メートルである）　0766.②（行き来出来るよう、２つの吊り橋がかかっている）　0767.②　0768.①（議会はフランスにある）

101

ヨーロッパ

Q 0785
オランダの国土の多くを占める干拓地のことをなんという?
①ポルダー　②セマングム
③テラローシャ　④オークル

Q 0786
キリスト教のカトリック教会の総本山(中心となる場所)といわれる、サン・ピエトロ大聖堂のある場所は?
①ベネチア
②バチカン市国
③ミラノ
④ナポリ

Q 0787
ハンガリーは、何か国と国境を接している?
①5か国　②6か国　③7か国

Q 0788
地中海沿岸を始め、ポルトガルのような中緯度の大陸西岸の国にも見られる「地中海性気候」の特徴は?
①夏、まとまった降雨があり、冬、乾燥する
②夏も冬も乾燥する
③夏、乾燥し、冬、まとまった降雨がある
④夏も冬も、適度に降雨がある

Q 0789
オランダに本部がある国際機関はどれ?
①国際紛争を解決する国際司法裁判所
②途上国への援助を行う国際連合ボランティア
③国際連合大学

Q 0790
イタリア国内にある世界最小の国、バチカン市国の人口は?(2013年)
①819人　②1186人
③2453人　④4671人

Q 0791
「ナポリを見て死ね」といわれるほど絶景が有名なナポリ旧市街を、南北に分ける通りの名前をなんという?
①シャキットナポリ
②ブチットナポリ　③スパッカナポリ
④ハンブンナポリ

Q 0792
寒いことで知られるロシアでも、特に寒い北方の気候をなんという?
①冷帯湿潤気候　②冷帯冬季少雨気候
③ツンドラ気候　④氷雪気候

答えは次のページにあるよ

Q 0793
世界最小の国、バチカン市国の大きさに最も近いものは？
① 四国　② 東京ディズニーランド
③ 東京都　④ 東京ドーム

Q 0794
サハラ砂漠で夏に吹く、砂まじりの熱風を、イタリアではなんという？
① シロッコ　② クロッコ
③ スナッコ　④ イシッコ

Q 0795
オランダのロッテルダムにある、EUの玄関口とも言われる人工の港の名前は？
① ユーロステーション
② ユーロターミナル　③ ユーロポート

Q 0796
サンマリノについて、正しいのは？（複数回答可）
① 現存する、世界最古の国である
② 周りを全て、イタリアに囲まれている
③ 国内に鉄道がない

Q 0797
イタリアに本当にある空港は？（複数回答可）
① レオナルド・ダ・ビンチ空港
② ガリレオ・ガリレイ空港
③ マルコ・ポーロ空港

Q 0798
ベルギーの首都に本部のある、アメリカやヨーロッパの国々による同盟、「北大西洋条約機構」の略称は？
① M&A　② MRI　③ NATO　④ NGO

Q 0799
ヨーロッパの小国、アンドラについて正しいのは？（複数回答可）
① 山脈の中にある
② 人口は8万人程度である
③ スイスと同じく国民皆兵制である

Q 0800
ロシアと日本を、最短距離で結ぶと、その長さは？
① 東京駅から千葉駅
② 東京駅から名古屋駅
③ 東京駅から大阪駅

P100.101の答え　0769.②　0770.③（オランダの正式国名はネーデルラント）　0771.③（主食であるパンを作る小麦畑を表している。青が水で黄色が火とする説もある）　0772.②　0773.③　0774.①　0775.①（ユネスコという機関である）　0776.①　0777.②（国内に多い、コルク樫という木から採れる）　0778.③　0779.①（フランス革命期のスローガンでもあり、国際連合が発した「世界人権宣言」でも用いられた、有名な言葉である）　0780.③　0781.①　0782.③（半島のうち、約5分の1がポルトガルである）　0783.②（27%〔2015年〕）　0784.国際河川

103

ヨーロッパ

Q 0801
バチカン市国に次いで、世界で2番目に小さな国は？
①リヒテンシュタイン公国
②アンドラ公国　③モナコ公国
④サンマリノ共和国

Q 0802
世界的にも有名なフランスの高速列車、TGV（テジェヴェ）の最高時速は何km？
①220.2km　②280.0km
③574.8km　④630.5km

Q 0803
ノルウェーについて、間違っているのはどれ？
①経済的水準は高く、EU（欧州連合）に加盟してない
②石油が採れ、他国にも輸出している
③国境を接してるのは、スウェーデンとフィンランドの2か国である

Q 0804
ロシアはその大半が、非常に寒い「亜寒帯気候」に属するが、この地に広げる針葉樹林を別名なんという？
①コサック　②タイガ
③トウヒ　④ポドゾル

Q 0805
経度の出発点（0度）となる、イギリス内の場所はどこ？
①首都ロンドンの市役所
②時計台「ビッグベン」
③テムズ川にかかるロンドン橋
④グリニッジ天文台

Q 0806
オーストリアの首都ウィーンにある国際組織「IAEA」とはなに？
①国際農業機関　②国際環境機関
③国際原子力機関

Q 0807
フィンランド、スウェーデン、ノルウェーの3国がある半島を、なんという？
①ラブラドル半島　②イベリア半島
③アナトリア半島
④スカンディナビア半島

Q 0808
英仏海峡トンネルを通じ、イギリスからヨーロッパ大陸を時速300キロで走る高速鉄道をなんという？
①ブリティッシュ・トレイン
②キングダム・レールウェイ
③ユーロスター

104

答えは次のページにあるよ

Q 0809
アイルランドやイギリスが、札幌より緯度が高いのに、冬でも比較的暖かいのは、なんという風の影響?

Q 0810
山の多いスイスでは登山鉄道が有名だが、中でも人気のブリエンツ・ロートホルン鉄道は、標高約500mから約2200mを、時速何キロで走る?
① 8km
② 25km
③ 40km
④ 68km

Q 0811
ロシアが生産量世界第2位であるものはどれ?(2016年)
① 石油 ② 塩 ③ 石炭 ④ 水力発電

Q 0812
「アルプス」とは、「アルプ」の複数形である。では、アルプが表わすものは?
① 雲 ② 星 ③ 鋭い岩 ④ 高地の草地

Q 0813
イギリスでも花粉症に悩まされる人が非常に多いが、その主な原因となるのは、なんの花粉?
① 芝
② スギ
③ ケヤキ
④ オリーブ

Q 0814
イギリスのロンドンやフランスのパリなどに見られる、「夏、さほど暑くならず、冬も比較的暖かく、雨も1年で適度に降る」天候のことをなんという?
① 地中海性気候 ② 西岸海洋性気候
③ 内陸性気候 ④ 海洋性気候

Q 0815
スイスのジュネーブに事務局のある、自由な貿易を守る「世界貿易機関」の略称は?
① VOD ② WBC ③ WTO ④ YMCA

Q 0816
地図でいうと北海道の右上にある、ロシア領の半島をなんという?
① ヨーク岬半島 ② ユトランド半島
③ バターン半島 ④ カムチャツカ半島

P102.103の答え　0785.①　0786.②(キリストの弟子である、使徒ペトロの墓の上に建てられたといわれる)　0787.③(スロバキア、オーストリア、スロベニア、クロアチア、セルビア、ルーマニア、ウクライナ)　0788.③　0789.①(ハーグという都市にある)　0790.①(1000人以上になることが少ない)　0791.③(「ナポリを真っ二つに割る」という意味である)　0792.③　0793.②　0794.①　0795.③　0796.②③　0797.①②③　0798.②(各国の安全保障などのための、軍事同盟である)　0799.①②　(軍隊はない)　0800.①(日本の最北端宗谷岬からサハリン島までの距離)

105

ヨーロッパ

Q 0817
フランスが漁獲量世界一を誇るものはどれ？（2015年）
①アンコウ　②タイ
③ギンダラ　④アナゴ

Q 0818
経済的豊かさを表わす「国民1人あたりの国内総生産（GDP）」のランキングで、世界一の国はどこ？（2016年）
①ロシア　②スイス
③ルーマニア　④ルクセンブルク

Q 0819
ギリシャやイタリア南部など、主にヨーロッパの南方で見られる、夏、乾燥に強いオリーブや葡萄を栽培する農業方式をなんという？
①垂直農法
②根栽農耕
③地中海式農業
④三圃式農業

Q 0820
アイスランドは総電力の7割以上を、水力により発電している。では、残りの電力の発電方法は？
①原子力発電　②火力発電
③風力発電　　④地熱発電

Q 0821
国内の総電力の約2割以上を供給している、世界的に有名なデンマークでの発電方法は？
①原子力発電　②火力発電
③風力発電　　④地熱発電

Q 0822
イギリスからベルギー・ブリュッセルを経てイタリア・ミラノまでの、商業や工業が盛んな湾曲した一帯を、EUの旗の色になぞらえてなんという？
①青いバナナ　②青いキュウリ
③青いスプーン　④青いブーメラン

Q 0823
オーストリアやスペインなどの西ヨーロッパの中緯度地域で見られる「混合農業」とは、なにとなにを組み合わせた農業？
①果物栽培と小麦栽培
②家畜飼育と作物栽培
③放牧と園芸農業

Q 0824
トルコが生産量世界一を誇るものは？（2014年）
①梨
②柿
③イチジク
④栗

答えは次のページにあるよ

Q 0825
ヨーロッパでも北側にある、デンマークやオランダで主に行われている産業は？
①稲作 ②畑作 ③酪農 ④放牧

Q 0826
ヨーロッパ北西側のバルト海沿岸にある3つの国を「バルト三国」というが、それに入らないのは？
①ベラルーシ ②エストニア
③ラトビア ④リトアニア

Q 0827
モナコ公国について、正しいのは？
①鉄道は走ってない
②カジノが盛んだったが、現在は禁止
③首都が、全国土である

Q 0828
その国の元首が、その国よりも広い土地を国外に持っている国は？
①スロベニア ②マルタ共和国
③リヒテンシュタイン
④ルクセンブルグ

Q 0829
日本の仙台市と姉妹都市関係にあり、2011年の東日本大震災以降、仙台の学生らを自国に招待するなど、交流が活発化している都市は？
①レイキャビク（アイスランド）
②ダブリン（アイルランド）
③ミンスク（ベラルーシ）
④キエフ（ウクライナ）

Q 0830
ブルガリアが世界でその多くのシェアを占めている油は？
①ハッカの油
②大豆の油
③ハト麦の油
④バラの油

Q 0831
世界で漁獲量3位を誇る、ノルウェーの名物はどれ？（2015年）
①カニ ②タラ ③ハゼ ④タイ

Q 0832
ロシアにあるのは？
①世界で最も深い湖
②世界一長い洞窟
③世界一大きい人工島

P104.105の答え 0801.③ 0802.③ 0803.③（他にロシアが接する） 0804.②（針葉樹林をロシア語で読んだもの） 0805.④（ロンドン郊外にあり、現在は観測活動を終え、史跡として残っている） 0806.②（原子力の平和を守る組織として、世界的にも重要な機関である） 0807.④ 0808.③（ベルギー及びフランスまで通る） 0809.偏西風（西から東に向かって吹き、暖流である北大西洋海流の暖かい空気を運ぶ） 0810.①（1892年創業の蒸気機関車である） 0811.①（1位はサウジアラビア） 0812.④（これが集まって「アルプス」とされた） 0813.① 0814.② 0815.③ 0816.④

アフリカ

アフリカの
世界初・世界一・世界遺産

AFRICA

Q 0833
チュニジアの世界遺産、「カルタゴ遺跡」では、まだ町であった1〜2世紀に、草木が二度と生えないようにと、ローマ軍にあるものを撒かれた。それはなに？
①塩　②鉄粉　③塩酸　④馬糞

Q 0834
次のうち、ガーナにあるものは？
①世界一水面の低い湖
②世界最大の人造湖
③世界一幅の狭い海峡

Q 0835
現在はカーボベルデの世界遺産である古い都市、「シダーデ・ヴェーリャ」を破壊した海賊の名は？
①アン・ボニー　②アルビダ
③ハイレッディン・バルバロッサ
④フランシス・ドレーク

Q 0836
トーゴの世界遺産、「バタマリバ人の土地クタマク」にある住居「タキヤンタ」は、なにで作られている？
①ヒノキ　②大理石　③泥

Q 0837
マラウイの主な民族「チェワ族」において、無形文化遺産登録されている「グレワムクル」とはなに？
①成年になるための儀式
②手工芸品　③仮面をつけた舞踊

Q 0838
ケニアの世界遺産、「ケニア山国立公園」について間違っているのはどれ？
①赤道直下だが、氷河もあり、山の頂上には雪も積もる
②ケニア山のふもと全体が世界遺産登録されている
③ケニアという国名は、ケニア山からとられた

Q 0839
セネガルの世界遺産、「ジュッジ国立公園」では、主になにが保護されている？
①昆虫類　②鳥類　③両生類

Q 0840
コンゴ民主共和国の世界遺産、「ヴィルンガ国立公園」に数多く生息するのは？
①コビトカバ　②オオサンショウウオ
③マウンテンゴリラ　④ライチョウ

答えは次のページにあるよ

Q 0841
ニジェールの世界遺産、「W国立公園」のWの意味は？
①AからZまである公園の23番目
②公園内に、大きな渓谷が2つあるから
③公園内を流れるニジェール川がW字に蛇行してるから

Q 0842
セーシェルの世界遺産、「アルダブラ環礁」に10万匹以上生息するのは？
①キリン　②ゾウガメ
③エリマキトカゲ

Q 0843
奴隷貿易の拠点となったガンビアのクンタ・キンテ島と、その関連遺跡群や、日本の原爆ドームなど、人類の起こした悲劇への戒めとして残されている世界遺産は、なんと呼ばれる？
①涙の世界遺産　②悲劇の世界遺産
③負の世界遺産　④冬の世界遺産

Q 0844
ボツワナの世界遺産、「ツォディロ」は現地の狩猟民族サン族によって描かれた、「砂漠のルーブル」の異名をもつ岩絵群である。さてその数は？
①約350
②約880
③約4500

Q 0845
タンザニアの世界遺産、「ンゴロンゴロ自然保護区」は、珍しい場所にある。それはどこ？
①巨大な隕石が落ちた跡である、クレーターの上
②火山の影響で持ち上がった丘の上
③塩湖が干上がり出来た塩の大地の上

Q 0846
モーリシャスの世界遺産、「アープラヴァシ・ガート」とは、もともとなに？
①風力発電をする場所
②移民たちの生活施設
③謎の岩が並ぶ砂漠

Q 0847
エジプトの世界遺産「アブシンベル神殿」の奥にあるラムセス二世の銅像に、年に2回あることは？
①同国の大統領の訪問
②朝一番の朝日が当たる
③銅像の内部を公開

Q 0848
タンザニアの世界遺産、「セレンゲティ国立公園」で見られるのは？
①生きた化石、カブトガニ
②9階建ての石造りの家
③160万頭のヌーの大移動

P106.107の答え　0817.①　0818.④　0819.③　0820.④（アイスランドはこの2つの発電方法しかない）　0821.③　0822.①（オランダのアムステルダム、ドイツのルール地方、フランスのストラスブールなども含む）　0823.②（作物は家畜の餌に出来るという利点もある）　0824.③（地中海沿岸の、比較的乾燥した地域で育つことが多い）　0825.③　0826.①　0827.③（首都の名はもちろん「モナコ市」である）　0828.②（オーストリア貴族の家柄で、現在も土地を所有）　0829.①　0830.④（香水などに使われる。バルカン山脈のふもとの「バラの谷」でとれる）　0831.②　0832.①

109

アフリカ

アフリカ くらしクイズ

Q 0849
アフリカ諸国の主食の1つ、「キャッサバ」とはなに？
①麦　②豆　③芋　④とうもろこし

Q 0850
エチオピアの主食となるイネ科の植物を「テフ」というが、その意味は？
①「ねばねばしてる」
②「栄養たっぷり」
③「太陽の恵み」
④「見失う」

Q 0851
エチオピアを原産地とする、コーヒー豆の種類は？
①サクラ種　②フジヤマ種
③ゲイシャ種　④スキヤキ種

Q 0852
ソマリアにおける飲食は、イスラム教の「ハラール」という規則にのっとっている。そのルールにあるものは？
①お酒を飲むのは週に1回以下
②豚肉は衣を付けなければ、食べてはいけない
③正しくと殺したもの以外の肉は、食べてはいけない

Q 0853
ジンバブエの定番料理「ラリッシュ」とは、ホウレンソウをなにであえたもの？
①マスタード　②ピーナッツバター
③マヨネーズ

Q 0854
マラウイで食材として売られているのは？
①ネズミ　②セミ　③絹糸　④コスモス

Q 0855
日本がチョコレートの原料となるカカオ豆を、最も多く輸入している国は？
①コートジボワール
②カメルーン
③ガーナ

Q 0856
ナイジェリアがアフリカで1位を誇るものは？
①米の消費量
②魚の消費量
③果物の消費量

Q 0857
マリの砂漠の民トゥアレグ族の料理、「ファコイ」は、羊肉とある野菜を煮込んだスープである。その野菜とは？
① もやし
② モロヘイヤ
③ アボガド
④ ダイコンの葉

Q 0858
ケニアに住むマサイ族の集落「ボマ」について正しいのは？
① 石で作られた家が四角くつながっている
② 家を作るのは、女性の役目
③ 家畜は邪魔になるので飼わない

Q 0859
エジプト料理として代表的な食材である鳥は？
① ハト　② ワシ
③ カモメ　④ アホウドリ

Q 0860
モロッコで、食後やもてなしによく飲まれる「アッツァイ」とは？
① ココア
② チャイ（生姜入りミルクティー）
③ ミントティー　④ エスプレッソ

Q 0861
ケニア、タンザニア、ウガンダの公用語である、アフリカ古来の言語は？
① ダリー語　② スワヒリ語
③ ヘブライ語　④ カシミール語

Q 0862
アフリカや中東において食べられる、小麦粉を粒状にした主食をなんという？
① バレバレ　② クスクス
③ ワイワイ　④ ガヤガヤ

Q 0863
ジブチの政府機関、民間企業の始業時間はおおよそ何時から？
① 朝の7時　② 昼の1時
③ 夕方の3時半

Q 0864
アフリカを原産とする、高温や乾燥に強い食材「ソルガム」の日本での名前は？
① モロコシ
② トンブリ
③ イタドリ
④ マコモ

P108.109の答え　0833.①　0834.②　0835.④（後にイギリス海軍の中将になっている）　0836.③（円柱形の家を泥で作り、部屋を増やすことに作り足して行く）　0837.③（マスクをつけた踊り手が1人で何役もこなす）　0838.②　0839.②（カモ、ペリカン、フラミンゴなど。渡り鳥だけでも300種を超えるという）　0840.③　0841.③　0842.①（世界最大の生息地である）　0843.③（明確な定義はなく、自然とそう呼ばれている）　0844.②　0845.①　0846.②（インドからの労働者が約6割を占めた）　0847.②　0848.③

アフリカ

Q 0865
ベナンにある日本語学校には、誰の名がついている？
①イチローの名前を付けた「イチロー日本語学校」
②ビートたけしの名前を付けた「たけし日本語学校」
③黒柳徹子の名前を付けた「テツコ日本語学校」

Q 0866
エチオピアでよく飲まれるお酒は？
①バター酒
②タマゴ酒
③ハチミツ酒
④薬草酒

Q 0867
エジプト、カナダ、ハンガリー、パキスタン、バングラディシュの「こどもの日」はいつ？
①2月2日　②5月5日
③7月30日　④11月20日

Q 0868
コンゴ民主共和国の伝統衣装「パーニュ」とはどんなもの？
①紙で出来た帽子
②体に巻きつける布
③竹で編まれた履物

Q 0869
中央アフリカ共和国の共通言語であるサンゴ語の特徴は？
①紀元前から話されていた。
②フランス語と現地の言葉が混ざり合って成立した。
③1から100までの数字が、全て違う言葉である。

Q 0870
南アフリカ共和国では、首都でも家の庭などで見られることのある動物は？
①アルマジロ　②サソリ
③オランウータン　④カモノハシ

Q 0871
スーダンで女性が体に巻きつける布（衣装）「トーベ」の特徴は？
①4枚を組み合わせて巻きつける
②半透明
③下着の上に羽織る

Q 0872
チュニジアで、日本の3倍以上も多い事故とは？
①列車の脱線事故
②自動車による交通死亡事故
③水難事故

答えは次のページにあるよ

Q 0873
モーリタニアで、遊牧民の男性が着る、大きな布でできた衣装「ブブー」は、どんな色が多い?
①赤やピンクの赤系統
②青や水色の青系統
③黄色や茶色の黄色系統

Q 0874
ナイジェリアやニジェールで用いられる言語「ハウサ語」で、「ナマ」とはどういう意味?
①水 ②肉 ③衣服 ④人間

Q 0875
アンゴラ、エチオピア、エリトリア、カーボベルデ、ギニアビサウでは、「こどもの日」はいつ?
①4月1日 ②5月5日
③6月1日 ④8月31日

Q 0876
ボツワナの祝日について正しいのは?
①元日が祝日にならない
②大統領の日と独立記念日は、翌日も祝日となり、連休となる
③今までの大統領の誕生日は、全て祝日として残っている

Q 0877
アンゴラ、カーボベルデ、ギニアビサウ、モザンビーク、サントメ・プリンシペ、これらのアフリカ諸国の公用語は?
①アラビア語 ②英語
③フランス語 ④ポルトガル語

Q 0878
モロッコの公用語はアラビア語だが、かつてモロッコを支配していた国の言葉が第二言語となっている。その国とは?
①アメリカ ②フランス
③スペイン ④ポルトガル

Q 0879
多数の民族がいることで知られる南アフリカ共和国だが、その公用語の数は?
①4 ②7 ③9 ④11

Q 0880
タンザニアやケニアなどの女性用民族衣装「カンガ」の代表的な着用法は?
①1枚の大きな風呂敷のような布を折りたたんで着用する
②2枚の布を上下に着用する
③1枚の長い布をぐるぐると巻きつけて着用する

P110.111の答え 0849.③(毒抜きが必要) 0850.④(見失いそうなほど、粒が小さいことから) 0851.③ 0852.③(殺生の仕方が正しいか示す「ハラールマーク」が食材に貼られている。なお、豚も酒もイスラム教では禁止) 0853.② 0854.① 0855.③ 0856.① 0857.②(エジプトを始め、栽培が盛んである) 0858.②(狩猟と放牧以外は、全て女性の仕事とされる) 0859.① 0860.② (紅茶でなく、緑茶で淹れる) 0861.②(アフリカの他の国でも通じる言語である) 0862.② 0863.①(日中は暑いので、朝7時から午後1時まで働く) 0864.①

113

アフリカ

アフリカ 文化クイズ

Q 0881
2002年のサッカー日韓共催ワールドカップで、カメルーン代表のキャンプ地、大分県中津江村は、一躍有名になった。その理由とは？
①選手の１人が同村の女性と結婚したから
②カメルーン代表が、５日遅刻して到着したから
③村にサッカーの練習場がなかったから

Q 0882
サントメ・プリンシペに、ないものはどれ？
①メガネ　②選挙権　③国旗　④死刑

Q 0883
古代エジプトで使われた象形文字をなんという？
①ハングル
②ヒエログリフ
③モールス

Q 0884
「肉を食べない」という戒律があるエチオピア正教での断食「ツォム」で、食べて良いものはなに？
①牛乳　②バター　③魚　④卵

Q 0885
アンゴラで生まれた音楽は？
①サンバの元になった「センバ」
②タンゴの元になった「ダンゴ」
③ジャズの元になった「シャズ」

Q 0886
以下の国を、以前どこの領土だったか、それぞれつなげよう。
①コンゴ共和国　②コンゴ民主共和国
Ⓐフランス　Ⓑベルギー

Q 0887
古代エジプトの象形文字が刻まれ、解読のきっかけになった石を、なんという？
①ルーン石碑
②ロゼッタ・ストーン
③さざれ石
④カルナック列石

Q 0888
エチオピア正教の戒律で「肉を食べない」という断食「ツォム」の習慣があるが、それはいつ？
①毎週水曜日と金曜日
②毎週日曜日　③毎月15日
④毎月第１と第３土曜日

114

答えは次のページにあるよ

Q 0889
父親がケニア出身の人物は？
①ジェロ（演歌歌手）
②アレックス・ラミレス（プロ野球選手）
③バラク・オバマ（アメリカ大統領）

Q 0890
南アフリカ共和国の人種隔離政策撤廃に尽力した、元同国大統領にして、ノーベル平和賞受賞者はだれ？
①キング牧師　②ネルソン・マンデラ
③マルコムＸ　④ワンガリ・マータイ

Q 0891
ガボンにおいて医者として活動し、ノーベル平和賞も受けた偉人は？
①ナイチンゲール　②シュバイツァー
③ゴッホ　④野口英世

Q 0892
タレントのオスマン・サンコンさんは、どこの国の出身？
①ギニア　②ケニア
③スーダン　④マダガスカル

Q 0893
ギニアにおいて、日本人が完成に尽力したものは？
①橋　②気象台
③小学校　④国の地図

Q 0894
ガボンにもあるイスラム教の休日、「犠牲祭」で、宗教の始祖が犠牲に差し出したとされるのは？
①自分の命　②自分の息子
③愛犬　④自分の土地

Q 0895
１９７０年代のウガンダで独裁政治をしいたイディ・アミン大統領は、なんと呼ばれた？
①芸術大統領　②人食い大統領
③清貧大統領　④無気力大統領

Q 0896
ザンビアの都市の名前にもなっている、初めてアフリカ大陸横断に成功したイギリスの探検家は？
①フレーデル　②アーノルド
③リヴィングストン

P112.113の答え　0865.②（タレントのゾマホン・ルフィンさんが設立）　0866.③（タッジと呼ばれる）0867.④（国際連合が制定する「世界こどもの日」）　0868.②　0869.②（１９６０年に独立してからの新しい言葉である）　0870.②（毒を持つものもいるので注意が必要）　0871.②（長いもので約９ｍもある一枚の布）　0872.②（交通事故死亡率は日本の３倍以上）　0873.②　0874.②　0875.③（ヨーロッパ諸国やアジアでもこの日が多い）　0876.②　0877.④（ポルトガルの旧植民地である）　0878.②　0879.④　0880.②（赤ちゃんをおぶるのにも使われる）

115

アフリカ

Q 0897
ジンバブエの前大統領、ロバート・ムガベは、同職に就任してから、2017年に辞任するまで、何年間大統領だった？
① 12年
② 19年
③ 26年
④ 30年

Q 0898
2013年、非営利団体「ジャーナリスト保護委員会」が独自にエリトリアを世界1位に選んだ。それはどんなこと？
① 最も報道の自由がある国
② 最も報道の自由がない国
③ インターネットの不自由な国
④ 発行する新聞が多い国

Q 0899
2010年2月、ブルンジの難民支援のため日本選手が参加し、ブルンジの隣国タンザニアで行われた催しは？
① 野球　② サッカー　③ 駅伝

Q 0900
ケニアはかつてイギリスの植民地だったが、ケニアにおけるイギリスのように、かつてその国を支配していた国のことをなんという？
① 先干渉国　② 前統治国
③ 旧宗主国　④ 元監督国

Q 0901
コンゴ民主共和国の首都名が入る「キンシャサの奇跡」とは、通常なにをさす？
① 経済の復興　② 飛行機の胴体着陸
③ サッカーの試合
④ ボクシングの試合

Q 0902
サハラ砂漠やアラビア半島で見られる、アラブ系の遊牧民の名を、総称してなんという？
① ヒッタイト
② ハッティ
③ ベドウィン
④ 海の民

Q 0903
スワジランド王国で何万人もが参加する祭り、「リード・ダンス」の参加資格は？
① 未婚である少女
② 兵役経験のある男性
③ 結婚した男女（夫婦）

Q 0904
南アフリカ共和国にかつてあった、肌の色等で、人種を差別し、隔離する政策をなんという？

答えは次のページにあるよ

Q 0905
カメルーンには多くの民族が住むことでも知られるが、その数は?
①約80 ②約135
③約190 ④約240

Q 0906
次のうち、国民投票の結果により、フランスから独立した国は?
①アルジェリア ②カメルーン
③ギニア ④コンゴ

Q 0907
カメルーンやコンゴ共和国のジャングルに住む、身長150cmに満たない民族をなんという?
①アンガス族
②ピグミー族
③マサイ族
④ワンガラ族

Q 0908
南スーダンが独立したのは何年?
①2000年 ②2001年
③2009年 ④2011年

Q 0909
ジブチに、2006年に初めて出来たものは?
①大学 ②テレビ局 ③マクドナルド

Q 0910
ソマリランドの都市、ブラオでの生息が知られるネコ科の仲間、「カラカル」の特徴は?
①白と黒のブチ模様である
②直立二足歩行出来る
③耳が大きく三角形に立ち、先端から房毛が生えている

Q 0911
中央アフリカ共和国の初代大統領は?
①タノム大統領 ②チッチャイ大統領
③ダッコ大統領 ④ニャン大統領

Q 0912
エジプトで有名な四角すいの大きな墓はピラミッド。では、同じくエジプトに見られる、長方形の大きな墓をなんという?
①グレイブ ②サルコファガス
③マスタバ ④コンレイ

P114.115の答え 0881.② 0882.④（1990年に憲法で廃止された） 0883.②（"神聖に彫られた文字"の大意） 0884.③ 0885.①（ブラジルに渡り、「サンバ」となった） 0886.①ーA、②ーB（それぞれ1960年に独立した） 0887.② 0888.①（その他の断食も含め、年間で200日以上も断食がある） 0889.③ 0890.②（1993年に平和賞を受賞し、翌年、大統領に就任した） 0891.② 0892.① 0893.④ 0894.②（始祖アブラハムが神に息子を捧げた） 0895.②（大量虐殺を何度も行ったことから） 0896.③（奴隷解放にも尽力した）

117

アフリカ

アフリカ 地域クイズ

Q 0913
その国名に、「最高支配者」の意味を持つ国は？
①ガーナ　②ガボン
③トーゴ　④ブルンジ

Q 0914
カメルーンは、"ミニアフリカ"とも呼ばれるが、それはなぜ？
①国民の所得や気温などが、最もアフリカ54か国の中で、平均に位置するから
②国際連合から、アフリカを代表する国として調査されるから
③地形や気候など、アフリカのさまざまなようすが1つの国の中でみれるから

Q 0915
ギニアビサウの首都は？
①ギニア　②ビサウ　③ギニアビサウ

Q 0916
南アフリカ共和国の、首都の特徴は？
①首都が3つある
②世界で一番小さい首都である
③8年ごとに変わる

Q 0917
アフリカ北東にあるエリトリアは、どこの国から独立した？
①エジプト　②エチオピア
③スーダン　④アルジェリア

Q 0918
コートジボワールの、国名の意味は？
①勇ましき戦士　②強い日差し
③象牙の海岸　④地中の神様

Q 0919
アルジェリアの首都の名は？
①アル
②アルジェ
③アルジェリア
④アルジェリア・シティ

Q 0920
コモロの生産物であり、国花にもなっている花は？
①イチゴの花　②シナモンの花
③バニラの花

答えは次のページにあるよ

Q 0921
ウガンダの国旗にはカンムリヅルが描かれている。その理由は？
①王者を意味するカンムリをしてるから
②どこの国のシンボルにもなったことがなく、中立だから
③ツルらしく、一本足で立つような独立を表しているから

Q 0922
ブルンジは、平均標高でどのくらいの位置にある？
①約1200m　②約1700m
③約2600m

Q 0923
シエラレオネの首都、「フリータウン」の名前の由来は？
①税金がかからない
②車用の道路がなく、歩行者天国であるから
③奴隷解放された人々を中心に建設されたから

Q 0924
1つの島国としての面積が世界一である国は？
①コモロ　②マダガスカル
③モーリシャス

Q 0925
ガボンの国土の、約8割を占めるのは？
①砂漠　②草原　③森林　④都市

Q 0926
赤道ギニアの首都、マラボについて正しいのは？
①本土を離れた島にある
②アフリカの最高気温を記録した場所にある
③同名の都市が4つある

Q 0927
タンザニアは、なんという地域同士が合併したもの？
①タンガニーカとザンジバル
②タンザルトンとニアビア
③タムスとザニアン

Q 0928
シエラレオネの国旗は3色からなるが、上からの配色は？
①オレンジ、緑、赤
②白、水色、桃
③黄緑、白、青

P116,117の答え　0897.④　0898.②（国による検閲が激しいとされる。2位は北朝鮮）　0899.③　0900.③　0901.①　0902.③（ラクダに乗っての移動が主流である）　0903.①（スワジランドは一夫多妻制であり、参加者の中から国王の新しい妻が見つかることもある）　0904.アパルトヘイト（1994年に憲法上は撤廃されたが残存しているという見方も根強い）　0905.④（ドゥル族、フラニ族、マンビラ族など、多岐にわたる）　0906.③　0907.②（狩猟、採集生活を営んでいる）　0908.④　0909.①　0910.③（体長は数10cmに及び、猫としては大きい）　0911.③　0912.③

アフリカ

Q 0929
ナミビアが、かつてドイツ及び南アフリカ連邦の植民地だった頃の名称は？
① 南西アフリカ
② 北西アフリカ
③ 海岸アフリカ
④ アフリカ民主主義共和国

Q 0930
ブルキナファソの、国名の意味は？
① 神から生まれた人々の祖国
② 清廉潔白な人々の祖国
③ 冒険心豊かな人々の祖国

Q 0931
チャドの国旗は左から青、黄、赤の三色旗と、ルーマニアの国旗に酷似しているが、違いを挙げるとすればどこ？
① チャドの方が、青が少し濃い
② チャドの方が、黄が少し薄い
③ チャドの方が、赤が少し濃い

Q 0932
エジプトの所有である、地中海と紅海を結ぶ運河はなに？
① キール運河
② スエズ運河
③ カラクム運河

Q 0933
南アフリカ共和国でよく出土される、バナジウムやクロムなどの、貴重かつ希少な金属のことをなんという？
① スペシャルアイアン
② ソフトマター　③ レアメタル
④ アイソトープ

Q 0934
エジプトで2月下旬から5月上旬までしばしば起こる砂嵐をハムシーンというが、アラビア語でその意味は？
① 円盤　② 地獄　③ 羽根　④ 50

Q 0935
アフリカ諸国を中心に国家として認定されている西サハラは、一方でモロッコから占拠されている地域がある。そこにモロッコが作った境界線をなんという？
① 砂の壁　② 煉瓦の壁　③ 水の谷

Q 0936
モザンビークの国旗に描かれているのは？
① 太陽、月、海
② ライオン、鳥、魚
③ 銃、クワ、本
④ 稲、湖、手

答えは次のページにあるよ

Q 0937
エジプトを占めるサハラ砂漠。その全面積は、日本の国土の約何倍?
①6倍　②12倍　③18倍　④26倍

Q 0938
アルジェリアで夏にふく、サハラ砂漠からの砂を含む熱風をなんという?
①ピエロ　②ギブリ
③ウィリー・ウィリー　④ウィンドシア

Q 0939
モロッコやインドに見られる、降水量が比較的少なく、丈の短い草原が広がる気候のことを、なんという?
①温帯夏雨気候　②ステップ気候
③高地地中海性気候
④湿潤大陸性気候

Q 0940
リベリアの国旗はアメリカの国旗と似ているが、それはなぜ?
①1847年に独立するまで、アメリカの植民地だったから
②アメリカで解放された黒人奴隷によって建国されたから
③じつはアメリカではなく、マレーシアの国旗を参考にしたから

Q 0941
アフリカ大陸で、その領土も含め、一番面積が大きいのは?
①南アフリカ共和国　②スーダン
③アルジェリア　④エジプト

Q 0942
リビアの国旗について正しいのは?
(複数回答可)
①1969年から、いまのデザイン
②緑一色だった時期があった
③エジプトの国旗と同じ時期があった
④今の国旗は、以前のものを復活させたもの

Q 0943
ケニアにも接する、アフリカ最大の湖の名前は?
①クッシャラ湖　②ビクトリア湖
③スペリオル湖　④ミシガン湖

Q 0944
その発見により、さまざまな交易上の航路の短縮につながった、南アフリカ共和国の最南端近くにある岬は?
①希望岬　②喜望岬
③希望峰　④喜望峰

P118.119の答え　0913.①　0914.③(火山や油田もある)　0915.②(ギニア共和国や赤道ギニア共和国と区別するため、首都の名を入れた)　0916.①(立法、行政、司法の都市が分かれている)　0917.②　0918.③　0919.②　0920.③(バニラを輸出している)　0921.②(同国の国鳥でもある)　0922.②(「アフリカのスイス」ともいわれる)　0923.③　0924.②(島としても、世界第4位の大きさである)　0925.③　0926.①(デンマークも、首都が本土以外の島にある)　0927.①(かつて同地で栄えたアザニア文化の名前も入っている)　0928.③

121

アフリカ

Q 0945
ザンビアにおける銅の採掘など、限られたものの輸出に頼る経済をなんという?
①ブロック経済
②モノカルチャー経済
③閉鎖経済

Q 0946
アフリカにあるコンゴ盆地は、その豊かな森林環境から、なんと呼ばれる?
①地球の良心
②地球のオアシス
③地球の片肺
④地球の髪

Q 0947
アフリカで、最も人口が多い国は?
①エジプト　②コンゴ民主共和国
③エチオピア　④ナイジェリア

Q 0948
アフリカに多い砂漠の水源は、主にオアシスであるが、そこで栽培出来る作物は、次のうちどれ?
①ホウレンソウ
②タマネギ
③ナツメヤシ
④カブ

Q 0949
ケープタウンのものが特に有名な、台形状の山を、なんという?
①ケーキ・ヒルズ
②テーブル・マウンテン
③スクエア・ブリッジ

Q 0950
コモロの近海で獲れる珍しい魚は?
①デンキウナギ
②チョウチンアンコウ
③シーラカンス

Q 0951
ガボンのオクロという場所にあるのは?
①天然のダム
②天然の吊り橋
③天然のウォータースライダー
④天然の原子炉

Q 0952
ケニアでの乱獲が社会問題化している素材はなに?
①ワニの皮　②アルパカの毛
③象の牙　④熊の手

答えは次のページにあるよ

Q 0953
アルジェリアの国土に占める、サハラ砂漠の割合は？
①約51％　②約66％
③約85％　④約98％

Q 0954
日本が栽培するだけでなく、ケニアから輸入もしている花はどれ？
①アジサイ　②バラ
③ユリ　④サクラ

Q 0955
カーボベルデ付近で毎年約2回ほど発生する天候現象は？
①あられ　②ハリケーン　③流星群

Q 0956
エジプトのナイル川は、どういった方向に流れている？
①北から南
②南から北
③西から南
④東から南

Q 0957
カカオの生産量世界一の国はどこ？
①コートジボワール
②カメルーン　③ガーナ

Q 0958
ガンビアの主要な国内生産品となる食べ物は？
①ライ麦　②レーズン
③ピーナッツ　④小松菜

Q 0959
ケニアに数多くある、「自然保護区」という自然を守る義務のある場所の1つ、「マサイマラ国立保護区」の大きさはどれくらい？
①東京ディズニーランド4つ分
②淡路島
③大阪府

Q 0960
モロッコが日本に最も多く輸出しているものはどれ？
①大根　②しめじ
③タコ　④はまぐり

P120,121の答え　0929.①（1990年にナミビアとして独立した）　0930.②　0931.①（フランスの国旗をもとに作られている）　0932.②　0933.①（携帯電話や自動車など、ほとんどの工業製品に必要なものである）　0934.④（およそ50日間続くことから）　0935.①（地雷が仕掛けられいる）　0936.③　0937.①（日本の面積約38万km²に対し、サハラ砂漠は約1000万km²である）　0938.②　0939.②　0940.②　0941.③　0942.②③④（1969年まで使われていた国旗を2011年に復活させた）　0943.②（世界で第3位の大きさ）　0944.④

多言語クイズ

多言語クイズ
いろんな国の意外なことばで楽しく遊ぼう！

Q 0961
トルコで「黄色」は、なんという？
①ウシ ②サル ③トラ

Q 0962
スペインで「全部」は、なんという？
①トド ②イルカ ③アザラシ

Q 0963
フランスで「元気ですか？」は、なんという？
①サバ ②イワシ ③アジ

Q 0964
スペインで「塩」は、なんという？
①ブタ
②ウマ
③サル

Q 0965
ロシアで「動物園」は、なんという？
①キリンパルク ②ゾウパルク
③クマパルク

Q 0966
フィンランドで「豚」は、なんという？
①イノシシ ②シカ ③カエル

Q 0967
インドネシアで「羊」は、なんという？
①ビリビリ
②ガリガリ
③バリバリ

Q 0968
韓国で「さつまいも」は、なんという？
①コザル ②コグマ ③コイヌ

Q 0969
メキシコで「モスカ」は、どういう意味？
①蚊 ②蠅 ③バッタ

Q 0970
スペインで「海」は、なんという？
①マル ②サンカク ③シカク

答えは次のページにあるよ

Q 0971
フランスで「スリ」は、どういう意味?
①リス
②鼠
③猫

Q 0972
インドで「見て!」は、なんという?
①メ　②ミミ　③オデコ

Q 0973
スペインで「太った人」は、なんという?
①シルバー　②ゴールド
③デラックス

Q 0974
フランスで「これはなに?」は、なんという?
①シークヮサー
②アップルマンゴー
③パッションフルーツ

Q 0975
スペインで「もう一回」は、なんという?
①オオトロ　②チュウトロ
③ネギトロ

Q 0976
トルコで「おはよう」は、なんという?
①ギュナイドン
②ブッタナイドン
③トーリナイドン

Q 0977
ロシアで「私の学校」は、なんという?
①ニラジュース
②インゲンソーダ
③モヤシコーラ

Q 0978
エジプトで「バッタ」は、どういう意味?
①蛙
②あひる
③にわとり

Q 0979
ロシアで「ヤーマ」は、どういう意味?
①凹地　②山　③平地

Q 0980
韓国で「上手」は、なんという?
①テダネ～　②アシダネ～
③ハラダネ～

P122.123の答え　0945.②(「モノ」は「1つ」という意味)　0946.③　0947.④(約1億6千万人)　0948.③　0949.②(山頂部分の地盤が柔らかく、風雨で削り取られた結果である)　0950.③　0951.④(大昔に、自然に核分裂反応が起こっていたウラン鉱床)　0952.③(日本では印鑑に使われることが多かった)　0953.③(アルジェリア人の多くは地中海沿岸で暮らしている)　0954.②　0955.②　0956.②(赤道直下のビクトリア湖をその大元の源流とする)　0957.①　0958.①(落花生。花が落下しそこに房が出来ることからこの名が付けられた)　0959.③　0960.③

125

多言語クイズ

Q 0981
メキシコで「エスカレラ」は、どういう意味？
①階段　②エレベーター
③エスカレーター

Q 0982
マレーシアで「ブラジャー」は、どういう意味？
①運動する　②勉強する　③遊ぶ

Q 0983
ロシアで「洗濯機」は、なんという？
①ステラレナイマシーナ
②ステラレルマシーナ
③ヒロッタマシーナ

Q 0984
香港で「右左」は、なんという？
①ドロボウ　②ヤオチョウ
③イカサマ

Q 0985
ロシアで「飲む」は、なんという？
①オレンジ　②アップル　③ピーチ

Q 0986
フィンランドで「スシ」は、どういう意味？
①狼
②猿
③山羊

Q 0987
フィンランドで「プータロー」は、どういう意味？
①わらの家　②木の家
③レンガの家

Q 0988
タイで「キレイ」は、どういう意味？
①綺麗　②かわいい　③美しくない

Q 0989
ギリシャで「寒いですね」は、なんという？
①カネクレヨ　②カネアゲル
③ハイドウゾ

Q 0990
ロシアで「ヤバイヨー」は、どういう意味？
①怒られそう　②怖いよー
③美味しい

126

答えは次のページにあるよ

Q 0991
トルコで「ありがとう」は、なんという？
①カミクレ　②ティッシュクレ
③ペーパークレ

Q 0992
スペインで「じゃがいも」は、なんという？
①パパ　②ママ　③バーバ

Q 0993
マレーシアで「ナシ」は、どういう意味？
①梨
②ごはん
③バナナ

Q 0994
マレーシアで「アーラマー」は、どういう意味？
①大丈夫　②あらまー
③ごめんなさい

Q 0995
エジプトで「バーバー」は、どういう意味？
①お父さん　②おばあさん
③おじいさん

Q 0996
韓国で奥さん（妻）は、なんという？
①オレ　②アネ　③イモウト

Q 0997
モンゴルで「こんにちは！」は、なんという？
①クダモノノ〜　②センベイノ〜
③ヤサイノ〜

Q 0998
タイで「パンツ」は、なんという？
①ナンデモナイ
②ドウショウモナイ
③カンケイナイ

Q 0999
韓国で「歩道」は、なんという？
①インド　②スイス　③ドイツ

Q 1000
アラビア語で「あなた」は、なんという？
①ワタシ　②アンタ　③センセイ

P124.125の答え　0961.②　0962.①　0963.①　0964.③　0965.②　0966.②　0967.①　0968.②　0969.②　0970.①　0971.②　0972.③　0973.②　0974.①　0975.①　0976.①　0977.③　0978.②　0979.①　0980.①

P126.127の答え　0981.①　0982.②　0983.①　0984.②　0985.③　0986.①　0987.②　0988.③　0989.①　0990.②　0991.②　0992.①　0993.①　0994.①　0995.①　0996.①　0997.②　0998.③　0999.①　1000.②

※本書の内容は、特に年号を示していなければ、2017年12月までのデータをもとに作成しています。
※本書で扱っている国は、国連加盟国、バチカン市国、国連加盟国ではないがモンテビデオ条約の要件に当てはまる国となっています。また、国名は主に通称での記載となっています。
※発音に関する問題や多言語クイズ等は、他の書籍やWebサイト等に記載のものとは違う場合があります。
※この本に記載の内容は、団体・個人の研究・見解で異なる場合があります。

監修者紹介

一般財団法人 言語交流研究所

「家族や仲間の自然な環境があれば、誰でもどんなことばでも話せるようになるよ」と、多言語活動提唱者・榊原 陽のもと1981年に発足。多言語活動実践のヒッポファミリークラブは日本全国に約700ヵ所あり、韓国、アメリカ、メキシコでも展開。「ことばと人間」を自然科学する研究活動や、多国間の国際交流も盛んで、小学生から参加できる青少年ホームステイ交流や、現地の高校で学び、単位の振替えができる海外高等学校交換留学も評価が高い。国内でのホームステイ受け入れ交流も、約100ヵ国より年間5000人以上の実績がある。その他、小学校の国際理解授業支援や地域子育て支援など、多角的な活動を行なっている。
http://www.lexhippo.gr.jp/
フリーダイヤル0120-557-761(受付：平日9時〜17時30分)

執筆者紹介

高橋 淳

愛知県名古屋市生まれ。早稲田大学政治経済学部卒。フリーライター。高橋淳の筆名で現在、各紀行、及びドキュメンタリー番組の企画、リサーチ作業等を手掛ける。また、瑞佐富朋の筆名では、スポーツ関連の著書も多数あるなど、幅広く活動。

企画・校正・執筆協力：有限会社イー・プランニング
本文デザイン：山田香織　　イラスト：太田アキオ

楽しみながら学力アップ！
世界の国ぐに　おもしろクイズ1000

2018年5月20日　第1版・第1刷発行

監修者　　言語交流研究所（げんごこうりゅうけんきゅうしょ）
発行者　　メイツ出版株式会社
　　　　　代表者　三渡 治
　　　　　〒102-0093 東京都千代田区平河町一丁目1−8
　　　　　TEL：03-5276-3050（編集・営業）
　　　　　　　　03-5276-3052（注文専用）
　　　　　FAX：03-5276-3105
印　刷　　株式会社厚徳社

●本書の一部、あるいは全部を無断でコピーすることは、法律で認められた場合を除き、著作権の侵害となりますので禁止します。
●定価はカバーに表示してあります。
©イー・プランニング,2013,2018.ISBN978-4-7804-2021-0 C8025 Printed in Japan.

ご意見・ご感想はホームページから承っております。
メイツ出版ホームページアドレスhttp://www.mates-publishing.co.jp/

編集長：折居かおる　　企画担当：大羽孝志／千代 寧
※本書は2013年発行の「小学生の勉強に役立つ！世界の国々おもしろクイズ1000」を元に加筆・修正を行っています。